改訂版

映画づくりはロマンとソロバン！

〜女プロデューサー泣き笑い奮戦記〜

益田祐美子 著

Art Days

プロローグ

突然ですが、あなたには夢がありますか？
その夢に値段をつけるとしたら、いくらですか。
つまり、どれだけお金があれば、その夢は実現しますか。
私の場合、少なく見積もっても一本五千万円、
いえ劇映画だと一億五千万円は必要でした。
その夢とは、映画を作ること。
四十歳で一つ目の夢を実現し、
いつの間にか二十年間で十六本の夢を追いかけました。
その総額は映画十六本で約十五億五千万円。
それでも夢はどんどん膨らんで、
次なる夢は、国の伝統を守る映画かな。

改訂版

映画づくりはロマンとソロバン！

～女プロデューサー泣き笑い奮戦記～

目次

目次

＊注・本文中使用される用語の解説
制作＝主に芸術的な「ものづくり」部分での映画作り。
製作＝映画の企画段階から資金集め、配給・公開等にいたる総合的な仕事。

映画づくりはロマンとソロバン！ 改訂版

～女プロデューサー泣き笑い奮戦記～

第1章　映画プロデューサーって何する人？

娘とイランと魔法の絨毯

一九九四年、自宅近くに開店したばかりの絨毯屋で一枚のペルシャ絨毯を買った。今はわが家の玄関に敷かれているその絨毯を見るたび、巡り合わせの不思議を思わずにはいられない。

一枚の絨毯を買ったことからあれよあれよという間にイランという国にどっぷり浸ることになってしまった。これまでニュースや噂で聞いていたイランにはあまりいいイメージはなかったのだが、絨毯屋の店主・通称アリさんをはじめ私が会ったイラン人はみな、真面目で少し淋しがり屋で心優しい人ばかり。

知れば知るほど、もっと日本の人たちにイランのすばらしい文化や愛すべき人々のことを知ってもらいたいと思うようになった。

そんなささやかな願いが、大きなうねりとなって私の胸をよぎったのは、それから六年後の二〇〇〇年四月、青森の小さな村、とある日本映画のロケ現場だった。当時小学四年生だったひとり娘が、なんとオーディションで子役に選ばれたので、東京から付き添って行ったのだ。

映画の撮影など、もちろん初めて。出演する子どもたち以上にそわそわしているお母さんたちと同様、私も血がざわざわ騒ぐのを感じていた。カチンコの鳴る緊張感。監督の指示を一言も聞き漏らすまいと集中する子どもたちの真剣な瞳。独特の空気に、見ているほうも気が引き締まる。

だが、撮影は想像していたようにサクサク進むものではなかった。ひとつのシーンが何度も撮り直される。待ち時間があり、フィルム交換のたびに休憩が入り、カメラ位置を変え、とにかく恐ろしく時間がかかった。手間と時間をかけた世界だった。

腕を組んだまま動かないあの人たちは、何のためにいるんだろう。全員がもっとテキパキ動いたら、撮影時間を短くできるのに。あの突っ立っている人たちがいなかったら、お金が浮くのでは……。もっと効率良くやることはできないのだろうか、と不思議だった。

後に、一見無駄に見える人や機材も必要であり意味があることを思い知るのだが、当時は映画のことを何も知らなかったし、見学していると待ち時間というのは長く感じられるものである。もともと、見ているよりも自分が動くほうが断然好きなので、じっとしていると、体がウズウズしてしまう。

私が映画を作るなら……。

目の前で演技に格闘している娘を見ながら、想像した。この子が主人公だったら、どんな話がいいだろう。人との出会いを通して人生のすばらしさを知り、ひと回り大きく成長するストーリーがいい。

娘に、事あるごとに言い聞かせてきた言葉がある。

「人はひとりでは生きられないんだよ」

人と人の間で生きているから、人間。ひとりでは弱いけれど、支えあうから強くなる。ひとりでは淋しいけれど、一緒にいるから楽しくなる。心と心の結びつきを描く映画がいいなと思ったとき、ひらめいた。

そうだ、映画を作ろう！　日本とイランの子どもが心を通わせる映画を私が作ろう！

あんたもお金を集めたら私も出そう

日本の舞台として頭に浮かんだのは、故郷の岐阜県高山市だった。

高山といえば、地元の名士、今は亡き中田金太氏の顔が浮かぶ。高山を中心に北陸一帯で造園から工場団地の造成まで手がける「飛騨庭石」の創始者にして社長であり、「飛騨高山まつりの森」を運営する「高山ランド」の社長でもあった。

随分前のことだが、縁あって地元で中田氏とお話しする機会があった。「怪物」と噂されていた本人は、会ってみると拍子抜けするほどの好好爺だった。小柄な体とにこやかな表情からは、威圧感はまるで感じられない。

「もっとごつい人を想像されるんやろね」と苦笑する姿は、かわいらしいえびす様のようだった。

中田氏は数十億円の私財を投じ、伝統の祭屋台を平成の世に蘇らせようとしていた。祭屋台とは、日本三大美祭として知られる飛騨高山祭の主役。桃山時代の伝統美を今に伝える豪華絢爛な山車である。国の重要有形民俗文化財であり、祭そのものが重要無形民俗文化財に指定されている。だが、現存する祭屋台は江戸時代のもの。およそ四百五十年以上もの間、新しい祭屋台は造られていなかった。そして高山で造られ、焼失あるいは消失した祭屋台は八台と言い伝えられていた。

中田氏は、ある日、思いついた。

「今、高山におる職人たちで、祭屋台を造ることはできんのやろか」

祭屋台の保存には地元高山の祭屋台保存技術協同組合があたっている。技術と技巧を身につけた職人たちの集まりだ。だが、実際に腕をふるう機会は修理しかなく、祭屋台を造るだけの技量があるかどうかはわからなかった。

「今の職人たちの技術で、後世に誇れるものを残したいと思うたんです」

宮大工、一位一刀彫、木彫り彫刻、仏像彫刻、輪島塗り、鉄金具、御所車、見送り幕、胴幕……一台の祭屋台を造り上げるには、百五十余りもの工程を経て、二年半から三年をかけることになる。延べにすると何千人分もの手が必要だ。

当然、莫大な人件費がかかる。

「億単位のお金をつぎこんで祭屋台を造って、元なんか取れるわけない。こんなもの担保にしても、銀行はお金を貸してくれん。祭屋台は高山への置き土産のつもりなんや」

中田氏は八台の祭屋台を二十年がかりで造り上げようとしていた。「平成の祭屋台」という新しい文化とともに、伝統工芸の匠たちの技と心を次の世代へ伝えたいと考えていた。

「何百年も前に造られた祭屋台を見ると、それに携わった職人ひとりひとりの息づかいが聞こえてくるようなんや。職人はとっくにこの世にはおらんけど、その心意気は祭屋台に生き続けるんやな」

それを聞いたとき、絨毯屋でアリさんが口ぐせのように使う言い伝えを思い出した。

「心を込めて織り上げた絨毯には神が宿る」

祖国イランの織り子たちがどんな思いを託して一枚の絨毯を織り上げているかを知っている。だから絨毯の値段は下げられない、とアリさんは頑固に定価を守っている。

祭屋台とペルシャ絨毯。どちらも時代を越えて、技術と心を過去から現代へ、現代から未来へと語りかける力を持っている。この二つが出会ったら面白い。

映画製作を思いついた翌月、私は中田氏を訪ねていた。

「飛騨高山の祭屋台とイランのペルシャ絨毯が出会う映画を作りませんか。東と西の伝統文化が美しく交わるように、日本とイランの子どもが心を通わせる映画を作りたいんです」

祭屋台の後ろには、見送り幕をかけて仕上げる。豪華絢爛な刺繍を施した緞帳のようなものだが、それをペルシャ絨毯にしてみませんか。それを映画に撮りませんかと提案した。シルクロードの端と端にあるイランの伝統美術と日本の祭には、実は深いつながりがある。古くは江戸時代、京都の祇園祭の山車の胴幕にペルシャ絨毯が使われていたことを中田氏も知っていた。

「祭屋台に絨毯か。ええ考えやな」

子どものいない中田氏にとっては、平成の祭屋台が子どものようなものだった。私が娘の映画出演に心躍らせたように、自慢の祭屋台を映画にと持ちかけられ、心が動いた。

「飛騨高山まつりの森」の地中ドームでは、平成の世に蘇った祭屋台が、連日何十台ものバスで訪れる観光客を魅了している。でも、ドームの中に入れておいては、ドームに来てくれた人にしか祭屋台を見てもらえない。

「映画に出せば、遠くに住んでいる人やひとりで旅行できない子どもやお年寄りにも見てもらえます。日本になかなか来られない世界中の人に見てもらえるんです」

高山まつりの森の祭屋台

私の言葉にじっと耳を傾けていた中田氏の瞳がキラリと光った。あとひと息だ。

「中田さん、祭屋台が動き出す映像を撮りましょうよ」

「いくら必要になる？」

「半分出してください」

半分本気でお願いすると、真顔で突き返された。

「益田さん、人にものを頼むときは、まず自分がどれだけできるか言うもんや」

中田氏は事業で成功し財を成していたが、幼少時代は貧乏に泣かされていた。

「楽して手に入れた金より、苦労して足し上げた金のほうが価値があるんや。あんたが五千万円集めたら、私も五千万円集めますよ」

苦労を重ねて現在の成功を手に入れた中田氏の言葉には、計り知れない重みがあった。

できることから動こう――あらすじ、イランへの許可申請、英会話

映画を作ろうと思い立ったはいいが、何から手をつけていいのかわからない。料理や編み物のように『誰でも失敗しない映画作り』や『初めての私にも映画が作れた』なんて本があ

ればいいのだが、そんなものはない。まわりの主婦で映画を作ったという人に会ったこともない。とりあえず仲間を募ろう。そのためには、どんな映画を作りたいかを知ってもらう必要がある。イメージだけでは、話が前に進まないだろう。

まずは、あらすじを書くことにした。映画の世界では、あらすじをシノプシスと呼んでいる。高山の祭屋台にペルシャ絨毯をかけるというきっかけからイメージを膨らませた。タイトルは『風の絨毯』に決めていた。風をはらんだペルシャ絨毯がふわりと舞い上がり、日本へ飛んで来るイメージ。響きも柔らかくて気に入っていた。

――注文したペルシャ絨毯を受け取りに、高山に住む日本人の父と娘がイランの古都イスファハンを訪ねる。アリさんの故郷であるイスファハンは、ペルシャ絨毯発祥の地。母親を亡くして心を閉ざしていた娘は、イランの子どもたちとの交流を通して、笑顔を取り戻していく――

三日かけて、あらすじを書き上げた。そこで初めて、実際に撮るとなるとイスファハンでの大がかりなロケが必要になることに気がついた。

「イランは映画産業が盛んだけど、撮影には事前に国の許可が必要で、許可を取るには作品の内容が『安全』であると認められなければならないよ」と教えてくれたのは、アリさんだった。

実は彼はイランでは政界や映画界にもコネのある有力な人物だったのだ。先祖はペルシャ帝国シャー・アッバース帝時代の大地主とか。イランでどんなに信用があっても日本では通用しない。それが現実だった。

アリさんはイランでの映画事情を探り、私の書いたあらすじをペルシャ語に翻訳し、イランの司法省との交渉役まで買って出てくれた。

「セックスも殺戮もない。この作品をイランは歓迎する」

とイランから返事が来た。ただし、タリバンが登場する場面は削るよう注文がついた。

イランの司法省に「歓迎する」と言われただけで、がぜんヤル気が出てきた。イランで映画を撮れる。資金集めはさておき、心はすっかりロケに飛んでいた。

そうなると言葉の問題が心配になってくる。イランでは海外との合作映画の交渉はすべて英語で行われ、契約書も英語で交わされると聞いて、英会話を習うことにした。

「この条件で契約してください」「出演条件は何ですか」「撮影許可は取ってあります」――出演者やスタッフとの契約。予算やスケジュールの決定。撮影現場での指示。映画を作る過程で想定される会話を日本語で書き出し、対応する英語表現をひとつひとつ聞いた。ビジネス英会話の映画ビジネス版といったところだろうか。グループレッスンだと先生を独占してしまいそうなので、個人レッスンをお願いした。

ジーン・ハックマン似のジョン・ボックマン先生は、父親がドイツ人で大のビール好き。奥さんは日本人で、尺八を習ったり、日本文化に興味は尽きない。性格も豪快で、

「映画を作るための英語を教えてほしい」と私が言うと、驚くこともなく、

「危険を冒さずに成功はできない」(Nothing ventured, nothing gained.)

ということわざをよく響く声で発音してくれた。これが先生に教わった「現場で使える表現」第一号だった。レッスン料は痛い出費ではあったが、これも映画への先行投資と割り切ることにした。そのためにも、現場で使える、相手の心を捉える映画の表現を頑張って吸収した。

「富を残して死ぬのは、富豪にとって最大の恥」

(It's a shame for a rich man to leave a fortune behind when he died.)

「人の心は傘に似ている。開いたときに最も機能する」

(The human mind is like an umbrella. It functions best when open.)

ボックマン先生は、魅力的な口説き文句をたくさん知っていた。夢があることはすばらし

い、夢を追うことができるエネルギーを持つことはすばらしい。語学と一緒にそんな哲学も教わった。こんなに真剣に英語を勉強したことはなかったし、こんなに英語にワクワクさせられたこともなかった。

外国語を覚えるには、その言葉を使っている人と恋に落ちればいい、という説がある。口説きたい相手がいると、上達が早くなる。私はイランと映画を作るという夢に恋をしていたのだ。

自分がプロデューサーになるしかない！

あらすじは書いた。イランの許可は出た。英語もそれとなくうまくなってきた。さあ、次に何をしたらいいのだ……。せっかく加速がついてきたのに、またしても足踏み状態になった。

「映画を作ろうと思うんですけど、どうしたらいいんでしょうねえ」と、会う人に手当たり次第聞いて回ると、たいてい「映画は映画会社が作るものでしょう」という返事だった。そのうち「プロデューサーがいるんじゃないの？」とアドバイスしてくれる人が現れた。

どんなにすぐれた企画があっても、それを形にするための態勢、つまり資金繰りや予算配分、スタッフの調整をまとめて仕切る人が必要で、それは初心者には務まらない。つまり、誰かプロデューサーを見つけて、その人と組みなさい、ということだった。

映画のプロデューサーといっても、会ったことがあるのは、娘が出演した作品のプロデューサーしかいない。その人は、たくさんいた子役のひとりの母親がいきなり「映画を作りたいんです」と訪ねてきたことに驚いたようだった。

「あなたは何も知らないでしょうから、教えてあげますけど」と、彼は自分が知っている日本映画の事情を話しはじめた。

「子どもが主役なら、大手芸能事務所の旬のタレントを使って事務所から金を引き出すのが普通のやり方ですね。僕が口をきける事務所は、ないこともないですけど」

「東宝は、こういうの乗らないでしょう。日活だったらタレント次第かなあ」

独特の抑揚のある口調を聞きながら、なんか違う、と思った。

プロデューサーは「口きき」の話ばかりしている。自分でお金を集めて企画を立ち上げようという気はなく、『風の絨毯』をどこかに持ち込むことを考えている。企画の内容はどうでもいいという感じだった。

数日後、紹介で別のプロデューサーに会った。大手映画会社の方だったが、やはり腰が引けていた。誰かがお金を出すなら仕切ってもいいけど、という言い方だった。いちばん大変な部分を引き受ける気はなさそうだった。

「この人たちとは映画を作れない！」

それが、二人のプロデューサーに会った印象だった。百戦錬磨のプロデューサーにとっては数ある企画のひとつでも、私にとっては、かけがえのない、たったひとつの企画。その気持ちをくんでくれる人、同じ目線に立ってくれる人でないと困る。あらすじができただけとはいえ、わが子同然のかわいい企画を、顔も見ないでよそに売り飛ばそうとするような人には預けられない。

納得のいく人が見つからないなら、自分がプロデューサーになるしかなかった。

娘が映画に出るまでは映画の世界には無縁だった私だが、実は同じ頃、工藤夕貴さんが主演したハリウッド映画『ヒマラヤ杉に降る雪』の完成披露パーティーに行っている。パーティーの少し前に工藤さんの母、桜井納紀子さんにペルシャ絨毯を買っていただいたのが縁だった。気に入った絨毯を選んでもらうために何度かお宅を訪問するうち、打ち解けて話をするようになり、今度パーティーがあるんだけど、とお招きを受けた。そのような場に行くのは初めてだったし、それが最後になるだろうと思っていた。

納紀子さんの紹介で山下貴裕さんと知り合ったのは、このときだった。工藤さんが所属するヒラタオフィスのマネージャーということだった。

歳は私よりうんと若いが、頭の回転が速く、英語はペラペラ、体型通りのスマートな人という第一印象だった。起承転結のはっきりした話し方をするので、話があっちこっち飛んでしまう私は、芸能界を渡り歩く人はさすが違うなあと感心した。

その三か月後、山下さんに再会した。

「映画ですか？　作ったことはないんですけど、やりたいと思っていたところでした」

山下さんは私が前に会ったプロデューサーたちのように「自分はこんなに知っている」と自慢するタイプではなかった。知らないことは知らないと素直に認めるかわりに、相手に役立ちそうな情報はもったいぶらずに分けてくれる人だった。

工藤さんが出演した映画にはマネージャーという立場で、いくつもの現場を経験してきたが、いつか制作する側の人間として関わりたいという思いを募らせていた。この人とならゼロとゼロ同士、対等の立場で映画を作れると思った。

「山下さん、一緒に『風の絨毯』を育ててくれませんか」

山下さんには英語という武器がある。私にはイランと高山とのコネがある。二人プロデューサー体制なら、足りない部分を補いあえる。

しかし個人的な興味はあっても、経営者としては難しいという答えだった。

気持ちだけでは映画は作れない。参加するということは、時間と労力とお金を差し出すことになる。それを回収できるという保証はない。大きな組織の歯車としてではなく、自分の責任で映画製作に関わるのだから、それだけの覚悟が必要になる。

「個人として、協力できることはさせてもらいます。映画制作スタッフの知り合いにも話を聞いてみます」。慎重に言葉を選びながらも、山下さんの返事は温かかった。

夢のお値段ハウマッチ！

山下さんとまず会いに行ったのは、映画制作会社こぶしプロダクション社長の大澤豊氏だった。工藤夕貴さん主演、今井正監督の遺作となった『戦争と青春』ではプロデューサーだったが、監督としても活躍されている。聴覚障害者の女性がたくましく生きる姿を描いた『アイ・ラヴ・ユー』やアフガニスタンで撮影した『アイ・ラヴ・ピース』は、どれも根底に人間讃歌を感じさせる。人間を見る目が温かい。子どもへのまなざしが優しい。心が感じられる。『風の絨毯』で訴えたいエッセンスを表現できる人だと思った。

実際に会ってみた大澤氏は、藤本義一さんを思わせる白髪の温和な風貌をしていた。物腰は柔らかいが、発する言葉の一つ一つが胸にしみる。

大澤氏の事務所を何度か訪れるうちに、映画製作に大切なものは何か感じ取ることができた。それは「情熱」、そして「経営」。

「僕は、映画で大切なのは、いかに多くの人に見てもらうかだと思う」

この一言が忘れられない。

「それと、いちばん苦労を重ねた製作者に何も残らないようではいけないと思う。せめて制作にかかった経費分は回収できるようでないと」

この言葉も強烈に胸に響いた。企画を形にすることばかり考えていてはいけない。観客を動員し、資金を回収してこそ、映画は意味のあるものになると気づかされた。

この時点では大手配給会社を当てにできる状況ではなかった。いわゆるインディペンデント映画の場合、お金をどうやって集めるかが大きな課題になる。

大澤氏は製作資金を捻出する手立てとして、

①　文化庁の芸術文化振興基金の助成作品になり、公的資金の援助を引き出すこと。
②　メセナの助成認定活動になり、企業の協賛を募ること。
③　プロデューサーは、人選、契約、お金集め、出口をみつけ責任をとる。

を教えてくれた。

大澤氏の作品歴を見ると「芸術文化振興基金助成作品」「文部省特選」「厚生労働省推薦」「日本ＰＴＡ全国協議会特別推薦」といった厳めしい単語が目につく。「もちろん狭き門です。素人が映画を作るのはまず無理というか、無茶でしょう」

日本映画の実情を知っている大澤氏の言葉には実感がこもっていた。

「でも、素人ほど怖いものはないですから。映画は命を懸けてやるものですが、素人のほうがときとして捨て身になれる。映画製作は、プロデューサーが一番苦労をして、プロデューサーがいないと映画はつくれない」

大澤氏は力強く言ってくれた。作品に流れる温かさや優しさが人柄にも表れていた。

大澤氏のアドバイスを受けて、早速「文化庁」に足を運んだ。

「どうやったら助成金を出してもらえますか。どんなお墨付きがありますか」と子どものように質問した。

文化庁というとお役所的な堅苦しいイメージがあるが「何もわからないので一から教えてください」と相手の懐に飛び込むと、資料を探し出してきて丁寧に説明してくれた。

相手の鎧を脱がせるには、まず自分から丸腰になることだと、このとき思った。

芸術文化振興部門は過去の映画製作における実績が重要視されるため、地域振興部門に的を絞ることにした。地域への貢献度が問われることになるという説明を聞き、「早速、高山市と岐阜県の後援を取りつけよう」と作戦を練った。

説明に続いて、文化庁の外郭団体である「公益社団法人企業メセナ協議会」、いわゆるメセナの紹介があった。メセナの助成認定を受けると、作品はメセナの活動の一環と見なされ、企業からの協賛を募ることができるという話を聞くことができた。


とはいうものの、最低でも予算はいくら必要なのか、具体的な数字を私たちはまったくつかんでいなかった。

文化庁の助成金とメセナの助成認定を申請するにあたり、製作予算の見積もりを提出する必要があった。お金を集める目標額の目安も知っておきたかった。カメラ、フィルム、ライト、現像費……それぞれ一体いくらかかるのか見当もつかない。スタッフへの支払いはどれくらい見ておけばいいのか。映画を作ったことがないのだからチンプンカンプンなのは当たり前だが、そもそも映画を作るのに必要な機材やスタッフをリストアップすることもできない。

山下さんが知り合いの映画関係者に聞いてみると、返ってきた答えはバラバラ。フィルムには一定の価格設定があるが、何フィート分回すかによって金額は上下する。人件費や出演者への支払いはそれこそピンからキリまであり、スタジオ費も設備や立地などの条件が変わると大きく差が開いてくる。相場などあってないようなもの。映画はヤクザな世界と言われるが、末端価格は諸説あるようだ。

山下さんとともに日本最大の現像会社「イマジカ」の映画部を訪ねた。当時部長だった西康夫氏と担当の五郎丸弘二氏が親身になって話を聞いてくれた。五郎丸氏はその後、しばらくしてイマジカの出資を決定する部署に配属になった。

西部長、五郎丸氏との縁が『風の絨毯』とイマジカを結びつけ、結果的にイマジカの出資につながるのだが、私と山下さんが西部長を訪ねたときは、そのような展開は予想もしていなかった。それどころか、イマジカが数々の映画に出資しているという事実さえ知らなかった。その日は、ただただ、映画のことを教えてくださいと、イマジカのドアを叩いたのだった。長身でがっちりした体格、俳優さんかと見まがうほどのダンディな西部長は応対も紳士的で、話せば話すほど魅力を増す人だった。

「ひょんなことで映画を作ることになりまして」

プロデューサーとして私と二人三脚で走り出した山下さんの報告を自分のことのように喜んでくれた。見積もりの相談をし、「高山とイスファハンでロケをしたい」「監督はイラン人を検討している」などの希望を伝えると、西部長は数日中に原価を出し、予算を組んでくれた。

「三千万ぐらいで、低予算でも伸び伸びと作りたいですね」

山下さんとはそんな話をしていた記憶があるが、機材にこだわり、キャストも贅沢にとなると、たちまち予算は膨れ上がった。

「五千万は必要ですかね」「八千万あるといいですね」「思いきって一億!」

私たちの話を聞いていた西部長が最後に言った。

「文化庁とメセナに提出する予算は一億五千万円でどうでしょう」

一億五千万円。ピンとこない数字である。一万円札にして一万五千枚。そんな札束の山、見たこともない。でも見てみたい気がする。一日百万円集めれば、百五十日。そう思うと、やってやれないことはない気がしてきた。

第2章　映画の舞台裏は波瀾万丈

いよいよ監督選び

夫に映画製作を打ち明ける日がやってきた。

わが家は夫と娘と私の三人暮らし。映画製作を思いついたときから娘には打ち明けていたが、夫には悟られないようにしていた。私の熱中体質を肌身に感じている夫に、話せば止められるのはわかっていた。

「実は……」と打ち明けると、うすうす感づいていた夫は言った。

「俺が会社に居られなくなるようなことを、しないでくれ」

面倒なトラブルに巻き込まれてからでは遅い、と脅しているのだ。でも、イラン行きは止めなかった。力ずくで止めても振り払って出て行く妻の姿を想像できたからだろう。番組制作の仕事をしている夫は、素人に映画を作れるとは思っていなかった。

「現実を思い知れば、自分の手には負えないと身を引くさ」と高を括っていた。

ところが、イランから帰国した私ときたら、監督が決まったと言ってますます張り切っている。夫は危険を感じた。このままでは、何かやらかしてしまう……。「いい加減にしてくれないか」が「いい加減にしてくれよ」になり、「いい加減にしろよ！」になったが、ときすでに遅しだった。

二〇〇一年二月。山下さん、脚本家とともにイランを訪ねた。脚本家には前年の十月に正式なシノプシス（あらすじ）を発注していたが、脚本を書くにあたり舞台となるイスファハンを見てもらったほうがいいと考えた。脚本家はシナリオハンティング、私と山下さんは監督ハンティングの旅だった。

テヘランへ向かう飛行機の中で、映画評論家の佐藤忠男氏と映画製作コーディネーターの故久子夫人に偶然再会した。お二人はイラン最大の映画祭であるファジール国際映画祭に向かうところだった。そこで、失礼とは思いながらも、監督選びのアドバイスをいただけないか尋ねてみた。

佐藤氏のアインシュタインのような威厳に満ちた風貌の前にハハーッと平伏しそうになったが、故久子夫人が私たちのたどたどしい話にいい感じで助け船を出してくださり、潤滑油を塗ったように話がスムーズに進んだ。名もなきプロデューサーの突然の問いにもかかわらず、佐藤夫妻は親身に話を聞いてくださった。イランの監督たちと個人的な交流があり、作品だけでなく人となりにも詳しい佐藤氏に直接話を聞けたのは大きな収穫だった。

「一押しは、マジッド・マジディ。彼だったら言うことないですね。あとは……」

一九九七年のモントリオール国際映画祭でグランプリに輝いたマジッド・マジディ監督の『運動靴と赤い金魚』は、貧困に負けずにたくましく生きる男の子とその家族との心の絆を描いている。

佐藤夫妻に助けられながら、監督候補のリストを作っていった。

カマル・タブリーズィー監督の名は、候補リストにも挙がっていた。日本で公開されるイラン映画の字幕をほぼ全作品手がけているペルシャ語通訳の第一人者、ショーレ・ゴルパリアン女史から紹介があった。「マジディがダメならタブリーズィーで」と佐藤忠男氏の推薦もあった。

イラン・イラク戦争を風刺した『夢がほんとに』（九六年）がイラン国内で大ヒット、『テヘラン悪ガキ日記』（九八年）でベルリンこども映画祭グランプリ、数々の国際賞をさらっていた。尊敬するマジディ監督からも、タブリーズィー監督なら大丈夫と太鼓判を押してもらった。

テヘランにある映画製作・配給会社ベネガーを訪ね、プロデューサーのアリレザ・ショジャヌーリさんにタブリーズィー監督を紹介してもらった。一目見て、

「心が海のような人だなあ」と引き込まれた。始終ニコニコしていて、包み込むような優しい声で穏やかに話す。

日本から持ってきたお土産のガラスケースを取り出すと、タブリーズィー監督の目が少年のように輝いた。ケースの中には、飛騨高山の祭にくりだす祭屋台の精巧なミニチュアが納められていた。

「この祭屋台の後ろ、ここの部分にペルシャ絨毯をかけるんです」と指差しながら説明した。

映画『風の絨毯』撮影中のタブリーズィー監督

「なんてステキな発想なんだ！　こんなステキな話は聞いたことないよ！」

タブリーズィー監督は興奮気味に語り、ショジャヌーリさんも大きくうなずいた。

「イラン映画といえば、難民か貧しい村かイスラムの抑圧か、そういう暗い話が多すぎるんだ。必要以上に暗いんだよ。だから、絨毯というイランの宝に光を当てたこの話は、すばらしい。祭というモチーフもいいね。世界共通、みんながハッピーになれるものだから」

監督はすっかり乗り気になり、勢いに乗って話し込んだ。

「誇り高いイランの監督は持ち込み企画なんかやらない」とイラン大使館の人には言われていたので、意外な反応だった。

「I hope you raise my baby bigger.」（わたしの子どもを大きくしてもらえますか）

この人なら『風の絨毯』を立派な映画に育ててくれると思い、英会話の先生に教えてもらったフレーズで口説いた。私の英語は監督にはあまり通じなかったが、熱意は十分に伝わったようだった。

同席したショジャヌーリさんがプロデューサーを引き受けることを条件に、タブリーズィー監督は『風の絨毯』に乗った。フランスとの合作映画を手がけた経験もあるショジャヌーリ氏は、イラン映画を振興するファラビ映画財団の設立メンバーで、イラン映画の国際的地位を築き上げた立役者としても知られている。日本の黒澤明、小津安二郎、溝口健二、小林正樹、大島渚などの作品をイランに紹介した人物でもあり、日本への理解も深い。

帰国し、佐藤夫妻に報告すると、「タブリーズィーならいい映画を撮りますよ」と太鼓判を押してくれた。

「ただし、製作にかけるお金には気をつけなさい」

と厳しい忠告をしてくれた。監督が映画に傾ける情熱、妥協を許さないこだわりはかなりのもので、製作費に糸目をつけなくなってくる。そこのところは気を引き締めなさい、覚悟を持ってやりなさいということだった。その予告はやがて現実になるのだが、このときはうわの空で、未来は薔薇色に輝いていた。

配給システムのイロハを学ぶ

イランから帰国すると、配給の勉強を始めた。タブリーズィー監督の『テヘラン悪ガキ日記』は世界二十か国で公開されている。『風の絨毯』も世界配給を目指したい。せっかく作るんだったら、たくさんの人に見てもらいたい。配給会社をどこにすべきか検討しはじめたその頃、タイミングを計ったかのように幸運な出会いがあった。

二〇〇一年四月、当時、企業メセナ協議会の会報誌にメセナ活動優良企業として紹介されていた「日本電気」社会貢献室の西田克彦部長（現在は、かつしかシンフォニーヒルズホールマネージャー＆事業統括）を訪問した。

日本電気――NECという大会社のメセナ担当として映画も含めた多方面からの協賛依頼を年に何百件も受けている西田部長は、最初は「またいつもの売り込みか」ぐらいに思っていたのだろう。ところが、監督が誰でキャストが誰と誰で……とビッグネームを並べるかわりに、

「高山の伝統の祭屋台にペルシャ絨毯をかけるように、日本とイランの文化、心と心が出会う物語です」と話し始めた山下さんに、おやっと思ったらしい。

「君たちは今までのプロデューサーとはタイプが違う。目が輝いている」と身を乗り出した。

西田部長は映画慣れしているが、「どこが作るの？」ではなく、「どんなの作るの？」の人だった。作品への純粋な好奇心で『風の絨毯』を受け止めてくれた。

「君たちは面白いねえ。変わらないでほしいな。また来なさいよ」

西田部長の第一印象は福々しいえびす様。人を和ませるオーラがあり、後光が差している

ように見えた。いやみのないセンスのいい冗談がポンポンと飛び出し、たちまちその場を温かい空気で包んでしまう。人柄を見て決めると言う西田部長は、私たちの話に一生懸命耳を傾け、力になれる方法を考えてくれた。

「予算はないけど、人なら紹介できる」

お金集めに気を取られていたが、映画への協力を取りつけるということは、お金ではなく人を引きつけることなのだ。西田部長はそのことに気づかせてくれた。人と人の結びつきが波紋のように広がり、波となり、『風の絨毯』を後押しする大きなうねりとなっていく。

この後、何度も会ううちに、西田部長の人脈の広さと深さに目を見張ることになるのだが、珍脈ともいうべき分野の方々とも交流があり、「なんでそんな人を知っているんですか！」と何度も驚かされた。誰をも引きつける雰囲気と会話術の魔法かもしれない。

西田部長から始まったすばらしい出会いの連鎖は、麦わら一本から御殿を手に入れたというわらしべ長者の昔話を思い出させる。

西田部長が紹介してくれたのは、公私にわたって懇意にしているという当時「ソニー・シネマチック」（現在は別会社に統合）の依田弘長社長だった。依田社長は若い女性にモテそうな渋いオジサマ。ゴルフが強そうなスポーツマンタイプで、口を開けば、これまたステキ。日本のおじさん離れしたノリの良さとテンポにぐぐっと引き込まれる。

依田社長は訪ねてきた私と山下さんを温かく迎え、日本の配給システムのイロハを教えてくれた。残念ながらソニー・シネマチックは私たちが理想としていた単館系の配給はやっていなかった。トントン拍子で配給先が決まるはずもなく、現実はかなり厳しい道のりだと思い知らされた。

「そのかわり、ソニー・ピクチャーズとアスミックを紹介しましょう」

「ソニー・ピクチャーズ・エンタテインメント」と「アスミック・エース・エンタテインメント」。依田社長は大手配給会社二社の名前を出してきた。一度は肩を落とした私と山下さんは、今度はのけぞった。

「いい作品を作ることと同じくらい、いや、それ以上に配給は大変だし、大事ですよ。まずは大きい会社から攻めたほうがいい」

依田社長の言葉には説得力があった。どんなにいい映画でも、宣伝しないと売れない。劇場だって、大きい配給会社は大きいところをおさえられる。それが現実なのだ。夢は大きく持とう、と思った。ソニー・ピクチャーズとアスミックに売り込んで、ダメならそこから出直せばいい。アスミックは『運動靴と赤い金魚』を配給し、日本でのイラン映画ファン拡大に一役買ったところなので、興味を持ってくれるかもしれないという期待もあった。

映画初体験の無名というか自称プロデューサーが乗り込んでも、普通なら門前払いされるところだが、「ソニー・シネマチックの依田社長のご紹介で」の一言で、ソニー・ピクチャーズもアスミックも、担当者が丁重に応対してくれた。

脚本がまだできていないので、企画書やイラン大使館の親書を見せ、「初めての本格的な日本イラン合作映画になります」と売り込んだ。

アスミックは「企画はＯＫだが、脚本を読ませていただきたい」という。

ソニーは「脚本を見たい。主役の女の子がキーポイントになるから、決定した頃にまた来てほしい」という返事だった。


死にかけたぐらいでは驚かない！


「忙しすぎて、倒れるヒマもない！」

と調子に乗っていた私だが、子役オーディションの準備、父親役の選定、ホームページ制作の打ち合わせなどが同時進行し、家族に泣いてもらっているとはいえ本業の主婦業もこなさなくてはならず、体がいくつあっても足りない状況だった。

とうとう、ひとつしかない体が、悲鳴を上げた。数日前からおなかの調子が悪く、微熱が続いていた。最初は風邪だと思っていたが、目の奥も痛く、涙がにじみ出てくる。夜中に激痛が腹部を襲った。心配した娘の友理が救急車を呼び、病院に運ばれた。急性胃炎と診断され、家に帰されたが、一向に回復しない。それどころか、処方された薬を飲むと脱水症状がひどくなった。

救急車騒動から二日後、痛みは限界に達し、意識が朦朧としてきた。

「これは死ぬ！」

居合わせたアリさんの運転で、井上外科胃腸科病院へ運んでもらった。気を失う寸前なのに、「あそこは手術がうまい」という評判を思い出したのだった。外国人が血相を変えて駆けつけたのを見て、何事かと院長先生や看護師が飛び出してきたおかげで、早く診てもらうことができた。

「腸閉塞です。すぐ手術を！」

触診するなり、院長の井上先生は親族と連絡を取るよう伝えた。先生は腸閉塞の名医でも

あったと後で知った。運が良かった。無事手術が終わってから、

「破裂してたら、命はありませんでしたよ」と手術風景を記録したビデオテープを渡された。なんて悪趣味なと驚いたが、最近は医療過誤が問題になるケースもあり、ちゃんと手術しましたという証拠にビデオを残す病院が増えているらしい。本来は赤いはずの大腸が黒くなり、壊死寸前になって癒着しているのが映っていた。

「普通の人ならとっくに我慢できずに病院に来てたはずです。益田さんは人よりも痛みの感度が鈍いんですね」と井上先生に言われた。痛みは体からのＳＯＳ。それに気づかなかったのは、鈍感な体質に加えて映画に気を取られていたせいかもしれない。


その日から一か月、病院で過ごすことになった。有り余る時間を使って、『三国志』を読破した。

「今、足りないのは諸葛孔明なんだ」と思った。作戦参謀である。映画製作という長い戦をどう戦い抜くか。資金をどう集め、人をどう動かすか。病院のベッドの上でゆっくり考えを巡らせた。

「『風の絨毯』って映画、これから作りますけど、いい映画になりますから絶対見てくださ

いね」

回診の井上先生や看護師さんに気の早い宣伝をすると、「今は他のことを考えないで、体調を整えることに専念しましょうね」とやんわり注意された。先生たちは私の誇大広告をどこまで本気にしていたのだろう。学芸会レベルの映画を想像されたのかもしれない。私もその時点では『風の絨毯』がどこまで大きくなるのか予想がつかなかった。

不思議と焦りはなかった。死んでいたかもしれないのだから、生きているだけで儲けものだった。こんな図太さはイラン人に似てきたなと思う。

アリさんは、店に客が来なくても、じたばたしない。ひたすらアラーに祈りを捧げるだけで、何もしない。これが日本人なら、「このまま売り上げがなかったら、会社はつぶれてしまう」と心配になるあまり、無理な値引きをしたり、焦ってお金を借りようとしたりする。しかしアリさんは「客が来ればよし、来なくてもよし」とのんびり構えている。一切をアラーの神にゆだねるイスラム教の信者である彼は、アラーが守ってくれると信じ、焦ってもダメなものはダメと悟っているようだ。

配給会社や主役がどうなるかという肝心な時期だったが、「私が焦っても仕方ない」と考え、すべてはなるようになるだろうとおおらかな気持ちでいた。

映画作りはロマンとソロバン

「お金が足りません！」

二〇〇一年六月、退院するなり山下さんに言われた。私が入院している間、メセナ活動企業八十社ほどに当たったが、お金を出すという回答はゼロだったという。メセナ錬金術が行き詰まってしまった。お金が足りないというのは、見積もりの一億五千万円に達しないということ意味だけではない。四か月後に予定していたクランクイン、高山とイスファハンでのロケ撮影をしのげるだけの資金もまだ集まっていないということだった。

「お金集めなら、まかせて！」と飛び込み営業を再開した。

営業が辛い。外回りに行くと胃が痛くなる。そんな悩みを抱えた外回り営業マンの姿をテレビドラマで見ていたせいか、営業という仕事は苦しいものなのだと思っていた。確かに見知らぬ相手に「仕事ください！」「買ってください！」と言うのは勇気がいるし、断られたときのショックも大きい。しかも私の場合、手ぶらで「お金ください！」である。詐欺まがいの売り込みだし、詐欺との見分け方を聞かれても「信じてください」と言うしかない。あまりの無謀さゆえに「ダメでもともと」と割り切れるので気が楽だ。お金を出してもらえなくたって、映画の宣伝に行くと思えばいい。『風の絨毯』のことを知ってもらうだけでも収穫。会う人みんながお客様だ。そう考えると、受話器を持つ手も足取りも軽くなる。企業のトップクラスにはユニークな人が多い。普通の生活をしていてはなかなか会うことのできない人たちに会うと、本を読むよりずっと面白い発見がある。

富士写真フイルム（現・富士フイルム）宣伝部の今は亡き、故西田泰久部長は、広告業界では一目置かれるクセモノだと聞き及んでいた。骨太のがっちり体型で、「ハハァー、ハハァー」と力強い相槌を打つ。その気迫とリズムで相手を飲み込み、いつの間にか自分のペースに巻き込んでしまう、ある種の天才タイプ。それでいてロマンティストで愛妻家だったりする。ユーモアを交えた本音トークは、メモを取りたくなる言葉の宝庫だ。

「映画にしてもコマーシャルにしても泣かせるだけの暗い作品はダメ。笑わせるだけでもダメ。泣き半分笑い半分だ」

西田部長はバランスが大事だと唱える。

「映画にしろ商品にしろロマンがなくちゃダメだけど、ロマンだけ追いかけてもダメだ。それでいかに儲けるか、お金を出した人を損させないソロバンを持て」

ロマンとソロバン。夢とお金。映画製作はまさにこの二つを追いかけることだと思った。

故西田部長のもとへは、『風の絨毯』に動きがあるたびに連絡を取り、しつこく通い続けた。報告・連絡・相談も、見方を変えれば「ロマンを分かち合う」ことと言えるかもしれない。

金儲けだけではビジネスは成長しないと言われる。顧客や消費者のニーズに想像力を働かせ、生まれた商品やサービスへの反響に一喜一憂しながら工夫を重ね、客の心をつかんでいく。そのたゆまない努力を支えるのは、「喜ばれるものを作りたい」「役に立つことをしたい」と夢見る力なのだろう。

ロマンの先にソロバンがあり、ソロバンの先にロマンがある。

『風の絨毯』に出資、協賛あるいは協力してくれた企業は、出費に見合った見返りを期待するだけではなく、出したお金の先に夢を見ているのではないだろうか。その夢を大きく育てることが、プロデューサーである私の仕事だとつくづく思うようになっていた。

娘の思いを初めて知る

両親や親戚からの横槍も一時的に止んだが、決して賛成に回ったわけではなかった。いくら言っても私が手を引く気配がないので、見守ることに決めたようだ。

「納得いくまでやらせれば、そのうち投げ出すだろう」

ふだんはポケーッとしているくせに、やると決めたら何を言われても後には退かない。そのかわり、次の面白いことを見つけたら、さっさと乗り換えてしまう。身内だけあって私の「はた迷惑な熱中体質」をよく知っていた。

娘は、映画の計画を打ち明けたときから、いちばん身近な味方だった。母親が打ち合わせで家を空けることが増えた淋しさや不満を訴えることもなく、「やり始めたものは最後までやってヒットさせようよ」と励まし続けてくれた。

腸閉塞で私が入院したとき、娘は「お母さん頑張ってね、家のことは大丈夫だから」と気丈に言った。日に日にしっかり者に成長しているようで頼もしかった。

退院後のある日、娘にお金の入った封筒を差し出された。隣のお金持ちのおばさんからだと言う。詳しく話を聞いてみると、娘は隣家を訪ね、「ママがプロデューサーをしていて、日本の少女とイランの少年の心の交流を描いたとてもいい映画なんだけど、みんなから寄付を集めているので、おばさんもお願いします」とお願いしたのだと言う。

驚いたことに手描きのポスターまで持って行っていた。私が毎日電話で「お金がない」を繰り返すのを聞いて、何かせずにはいられなくなったのだろう。隣家の主婦の善意に感謝し、娘の思いやりと行動力に感激した。

でも、その頃、娘の心の中で何が起こっていたか、私は知らなかった。

そもそも娘が映画に出たことがきっかけで、私は映画製作を思い立ち、この子が主人公だったらと想像を膨らませ、『風の絨毯』の企画が生まれた。だから最初は、主人公のさくらは娘をイメージしていたのだが、実は実際に役をつかむのは難しいだろうと思っていた。

ところが娘はさくら役のオーディションに応募し、最終審査まで進んでいった。私は公平な判断をみなさんができるよう、娘が応募した時点で審査員を辞退していた。

「お父さんとお母さんに話がある」

最終審査をひと月後にひかえた二〇〇〇年八月のある日、娘が切り出した。時計は夜十一時を回っていた。パジャマ姿の娘は、寝つけずにベッドから出てきたようだった。思い詰めた顔をしていた。

「私、降りる」

そう言って、唇をぎゅっと結んだ。

「どうして？　ここまで残っているのに」

「もちろん、すっごく出たかったよ。でも、もし私が主役に選ばれたら、お母さんの子だからひいきされたって思われる。落ちたら落ちたで、お母さんも私もイヤな思いするでしょ。受かっても落ちてもイヤだから、ここで降りる。お母さんも審査に加わって、私も応援したくなるようなイイ子を選んでほしいんだ。私はそのかわり裏方でお母さんの映画手伝うから、いい映画にして絶対ヒットさせようね」

さんざん考え、悩み抜いた末の決断なのだろう。小学五年生、まだまだ子どもだと思っていたが、映画のため、自分のため、母親のため、どうするのがいちばんいいのか、懸命に探っていたのだ。自分で自分のことに答えを出したわが子にぐっと来て、涙がこみあげた。並んで娘と向き合っている夫の目から涙があふれるのを見たら、もう抑えられなかった。親子三人で泣いた。

「そこまで思い詰めているなんて知らなかった。ごめんね」

「お母さん、子どもだってストレスはたまるんだよ」

一回目のオーディションの後からずっと、胃がキリキリするような痛みを感じていたと娘は打ち明けた。人一倍気を遣う子なのだから、オーディションの緊張に「プロデューサーの娘」として見られる居心地の悪さが加わって、重荷になったに違いない。なのに、初めての映画プロデューサー業で手一杯だった私は、娘に言われるまで、気づいてやるどころか娘の立場を思いやることも忘れていた。

「この子がこんなに映画のことを考えてくれているんだ。ここまで来たら、やるしかないな」

初めて夫の口から応援の言葉がこぼれた。

その後、抵抗勢力だった夫はサポーターに回った。ダメ押しは、巻き込み作戦の成果だった。夫がお酒を飲んでいい気分になっているところをつかまえて、「今、こういう脚本になっているんだけど」と見せると、夫は真剣に読み出した。そして、「これじゃダメだ」と勝手に手直しをはじめ、頼んでもいないのに次々とアイデアや提案を出してきた。

以前は『風の絨毯』のかの字も聞きたくないという態度だったのに、調子に乗って「監督をやりたい」と冗談まで言い出す始末。娘は父親のそんな変化を見て、あきれ返っていた。

この脚本じゃ撮れない！

「右の扉が閉まれば、左の扉が開く」というイランのことわざがある。あちらがダメでもこちらがある、なるようになるさという楽観的な気分が出ている言葉だと思う。実際、『風の絨毯』の製作過程では、このことわざを地で行くような出来事が何度もあり、この言葉に救われた。

腸閉塞で入院したら、岐阜県から後援のお墨付きが出た。日建総本社に協賛を断られた直後に、メセナの助成認定が下りた。予定していたキャストがNGになった後に、願ってもないキャストがOKになった。しかし、左がダメなら右というわけにはいかない問題が立ちはだかった。

脚本である。

脚本家には、立ち上がりの早い段階から仲間に加わってもらっていた。二〇〇〇年十月、イラン政府から親書が出た後にシノプシスを発注。三か月かけてシノプシスが上がった。翌年二月、監督を探しに行く私たちとともにイランへ飛んだ脚本家は、ペルシャ絨毯の産地であるイスファハンとコムを三週間かけて見て回り、帰国後、高山にも三週間滞在した。

予算難の『風の絨毯』には不相応なほどの贅沢なシナリオハンティングの旅を終え、三か月かけて第一稿を書き上げた脚本家は自信満々だった。だが、イランのタブリーズィー監督からの返事はトホホだった。

「この脚本ではダメだ。僕の撮る意味がない」

伝えたいメッセージがよくわからない。イラン人には理解できない部分も多く、イラン人監督が撮る必要性を感じないと言う。

「これならイランで撮らなくても、京都で撮ればいい」とまで言われてしまった。

監督の意向を踏まえ、渋る脚本家を拝み倒して第二稿を書き上げてもらった。だが、監督はまだ納得しなかった。

「イランで話し合いながら一緒に脚本を練り上げよう」と監督は提案したが、脚本家の腰は重い。

「わかった。脚本は、なくてもいい。僕のイメージで撮らせてもらう」

企画を聞いた段階からイメージを膨らませてきたのか、すでに監督の頭の中に青写真はあるようだった。イラン映画では脚本が存在しない作品もあるし、脚本の大部分が撮影中に変わると聞いていた。人間の内面を豊かに描き出す作品が多いのは、撮影現場で役者が意見を出し合い、台詞が作られていくからなのだという。想定されたシーンはどんどん削られ、影も形もなかったシーンが現場で生まれる。撮影が終わってから資料として残すために脚本を作ることも珍しくないらしい。タブリーズィー監督が日本からの脚本を退けたのも、そんな背景があってのことだろう。

イラン人には日本人の書いた脚本は理解しがたいのかもしれない。そう思っていたが、交渉を開始していた配給会社が脚本に難色を示し、映画業界関係者たちも首を傾げた。

ちょっと待て、この脚本で行っていいんだろうか……。私と山下さんも不安になってきた。脚本には、入れ込みたい要素をうまく入れてもらっていた。でも、確かに何かが足りない。何がどう足りないのか具体的に言えないのがもどかしかった。私の希望がうまく伝わらないので、脚本家も苛立っていた。脚本をこねくり回しても、悪い方向へ進むだけだった。限界。腹をくくった。後は監督を信じて、撮影現場で「化ける」のを期待するしかない。

第3章　お金のなる木は人間の結びつき

映画は白紙になるのですか？

加速する車を止めるよりは、乗ってしまったほうがいい。後は、運を天に任せよう。素人プロデューサーにここまでチャンスを与えてくれた神様は、私たちの味方だ。そう言い聞かせて、クランクインまでの日々を忙しく過ごしていた。ところが、力ずくで車を止めてしまう事件が起こった。二〇〇一年九月十一日のアメリカ同時多発テロである。

ニューヨークのワールド・トレード・センターに民間機が激突する衝撃的な映像をニュース速報で見たとき、映画への影響は結びつかなかった。だが、激突が事故ではなくテロ事件であることが伝えられ、「犯人グループはイスラム過激派の可能性」という続報が入るにつれ、悪い予感がしてきた。

クランクインまで二十日を切っていた。十月に高山ロケ、十一月八日にスタッフとキャストがイラン入りしてイスファハンロケというスケジュールが組まれていた。

「ロケはどうなるんですか」「予定通りやるんですか」「イランは関係ないんですか」

メセナに支援金を出してくれた協賛企業やマスコミからの問い合わせが相次いだ。

「現在調整中です。世界情勢を見ながら判断します」

表向きはそう答えていたものの、私と山下さんの間では、早い段階で「クランクイン延期」を覚悟していた。犯人グループがタリバンであるとにらんだ米国政府は、アフガニスタンへの報復攻撃をほのめかしていた。アフガニスタンと国境を接しているイランへ飛ぶのは、危険だった。

十一月のイスファハンロケを延期した場合、その前に予定している高山ロケはどうなるのか。主人公のさくらは十歳という設定。この年頃の女の子は、たった半年で身長も顔つきも変わってしまう。高山ロケとイスファハンロケの間をあまり空けたくない。

「イスファハンロケができるめどがついた時点で高山ロケの日程を再調整しよう」

それが製作委員会の決定だった。

クランクインとイスファハンロケを延期する、とイラン側に電話で伝えると、プロデューサーのショジャヌーリさんは激怒した。

「マスダさん、どうして？　イランは関係ないじゃないか！　理由は何だ？　なんで来れないんだ！」

「役者の安全が確保できません。イランは危険度5になっています」

「何を言ってる！　イランほど安全な国はないよ。平和そのものだ」

「イランはアフガニスタンの隣国。日本人にとっては、危険に飛び込みに行くようなものです」

「タリバンの本拠地カブールからロケ地のイスファハンまでは何百キロあると思っている？　朝鮮戦争のとき、日本人はどこか海外に逃げたのか？」

ショジャヌーリさんにしてみれば、アフガニスタン攻撃は対岸の火事。クランクイン直前、さあこれからという時期に突然腰砕けになった日本側スタッフが信じられず、歯がゆかったに違いない。実際、イラン国内は安全だったかもしれないが、そこまで空を飛んで行って確かめる勇気は私たちにはなかった。旅行傷害保険を請け負ってくれる会社もなかった。

外国人に日本や中国、韓国の場所をごちゃ混ぜにされると「違います！」と憤慨する日本人のように、ショジャヌーリさんはじめイラン側スタッフも「イランとアフガニスタンを一緒にする日本人」を腹立たしく思ったのかもしれない。

イラン側はクランクイン延期に伴う損害額の支払いを求めてきたが、損害を被っているのは日本側も同じこと。当然支払えないことを話し、納得してもらった。

同時多発テロから数日後、こんな出来事があった。

万が一テロにイランが関与していたら、ロケどころか『風の絨毯』の製作自体が吹き飛んでしまう。そんな心配が頭をもたげて、脚本の翻訳やイラン側スタッフとの交渉の通訳をお願いしていたショーレ・ゴルパリアンさんに、それとなく聞いてみた。

「まさか、イランは関わっていませんよね？」

次の瞬間、ショーレさんの顔が怒りで青ざめたかと思うと、涙が噴き出した。

「イランを疑うなんて許せない！　侮辱にもほどがある！」

その場には山下さんもいた。私と山下さんにしてみれば、「イランは関係ないと信じたい」という気持ちだったのだが、ショーレさんには、イランの味方だと思っていた私たちに裏切られた気がしたのだろう。普段から喜怒哀楽の激しい女性で、気持ちが昂ぶると通訳しながら涙ぐむようなところがあったが、このときほど感情をむきだしにしたことはなかった。「益田さんと山下さんまでイランが危ないなんて言うのは信じられない！　だから日本はイラン・イラク戦争のとき、真っ先にＩＪＰＣ（イラン・ジャパン石油化学）を引き揚げたんでしょう！　どうして日本人はイランを悪者にしたがるの！」

涙を飛び散らせ、怒りをぶつけてくるショーレさんを見て、ふと思った。「この人は、日本人のイラン人への差別や偏見に日頃から心を痛め、傷ついていたのかもしれない」

私の推察は外れていなかった。その夜、山下さんのもとにショーレさんからメールが届いた。

「昼間は取り乱してしまってごめんなさい。でも、中東のほうで何か起こるたびに、日本人の知り合いから、イランは関わってないのか、イランに行っても大丈夫なのかと問い質されるのに嫌気が差していたの。祖国から遠く離れた国で祖国のことをそんな風に言われるのが、どんなに辛いことかわかるでしょう」

胸の内を打ち明けた上で、私と山下さんを安心させるためにファラビ映画財団と連絡を取ったと報告があった。今回のテロについて、今のところイランの関与をにおわせる要素は何ひとつなく、ハタミ大統領は「テロに遺憾の意を表明」したと書かれていた。

絶望は希望の始まり

アメリカ政府がアフガニスタンへの報復攻撃を開始すると、世界情勢がまったく読めなくなった。数か月の間に攻撃が終わるとは、思えなかった。イスファハンロケを延期した決断は正しかったのだ。その一方で「クランクイン延期」を「クランクイン中止」と受け止められる辛さも味わっていた。

「クランクインを半年延期して再開した映画はほとんどない」「士気が落ちると映画はダメになる」——そんな言葉を聞くたび、取り返しのつかないことをしてしまったようで、気分が落ち込む毎日だった。

私たちと同じ頃に企画を立ち上げた日米合作映画『HUE』も暗礁に乗り上げていた。ともに日本と海外を舞台とし、十歳の女の子の成長を描く物語という共通点があった。オーディションが同じ日に重なったこともあった。似たようなスケジュールで進行していることもあり、同期のような親しみを感じていた。『HUE』は同時多発テロのあおりでハワイでのクランクインが無期延期になった。資金繰りが滞り、企画そのものが消え入ろうとしていた。『風の絨毯』もこのまま吹き飛んでしまうのだろうか。悶々としていたその頃、当時NEC社会貢献室の西田克彦部長と再会する機会があった。

「こういうときは、時流に逆らわないほうが、結果はうまくいきますよ。僕も去年、北京で音楽会を計画していたんですが、アメリカの中国施設誤爆事件があったでしょう。あれで中止しました。お客さんの安全が保証できませんから。損害額は大きかったですけど、決行していたら、もっと損害が出たかもしれません」

西田部長は踏みとどまることも勇気なんだと励ましてくれた。


「世界情勢が安定するまでクランクインを見合わせます」

関係各社に事情を説明して回った。クランクインがいつになるのか、具体的な時期を提示できない。必ず撮りますと約束はできても保証はない。

メセナへの支援金は、協賛に同意した各企業からすでに振り込まれた後だった。

「協賛を白紙に戻していただいてもかまいません」と告げるのは辛かった。苦労して取りつけた協賛を、できることなら手放したくない。ところが幸い、ほとんどの企業がメセナに振り込んだ支援金をそのままにしておくことに合意してくれた。

「時期がずれても『風の絨毯』は必ず完成すると信じています」

「この映画を作る意味がますます出てきたじゃありませんか」

力強いエールに、逆に励まされた。協賛金の返還を求めてきたのは、わずか二社だった。その二社も、「中止ではなく延期です。必ず撮ります」と説明に出向くと、そういうことならと了承してくれた。

二〇〇〇年の春から積み上げてきたものが同時多発テロでガラガラと崩れた。撮影の代わりにクランクイン延期に伴う連絡や事務手続きが大量発生し、その作業に忙殺された。

「本当だったら、今頃はイランで撮っていたのになあ」

そう思うだけで気分が萎え、作業が手につかなかった。すごろくで上がりかけたと思ったら振り出しに突き落とされ、罰ゲームをさせられている気分だった。

でも、と思い直す。この映画は、幾多の困難を乗り越えてきた。今までも、不運の後には幸運が転がり込んできた。今回の悲劇も試練なのだ。運命が作品を試しているのだ。世界を揺るがすテロだって、この映画をつぶすことはできない。ここを乗りきれば、また新しい道がひらけるはずだ。

「ダル・ナ・オミ・ディ・バシ・オミド・アスト（すべてを失ったとき、新たな希望が生まれる）」

『風の絨毯』の台詞に出てくるイランのことわざである。注文していた絨毯が織られていないと知って自殺を思い詰めるさくらの父、永井誠を絨毯仲買人のアクバルが慰めるシーン。誠を追い詰めた一因はアクバルにもあるのだが、謝るかわりにこのことわざを持ち出してくるところが、いかにも楽天的なイラン人らしい。

イランからの風が吹いているのか、今までも悪いことがあった後に、それを埋め合わせるかのようにドラマチックな幸運が舞い込んできた。もちろん逆もあるのだが、うまく行っているときには、つまずくときのことは考えない。悲劇に襲われたときだけ、落ち込むかわりに「いいニュースの前ぶれ」と希望を持つクセがついていた。

ダル・ナ・オミ・ディ・バシ・オミド・アストと自分になだめ聞かせ、気を落とさないよう踏ん張った。言い出しっぺのプロデューサーが作品を見放したら終わりだ。親がわが子を見放すわけにはいかない。

今こそ映画で平和の麦を蒔こう!

クランクインが延期になったことで、配給交渉も難航した。アスミック、ソニー・ピクチャーズの両社とも社内に強い反対意見が出ているという話だった。皮肉にも中東への関心は高まり、アフガニスタン関連の本につられてイランの観光ガイドやペルシャ文化の本まで売れ行きを伸ばしていたが、いつクランクインできるかわからない作品を引き受けるのは賭けだ。

配給会社が決まらないままクランクインするのは危険だった。見てもらえる当てのない映画を作ることはできない。

クランクインがいつになるのか、配給会社がどこになるのか、見えないことが多すぎた。私の何倍も繊細な山下さんの顔には、疲労と焦りが滲み出ていた。イランの映画監督モフセン・マフマルバフのスピーチを知ったのは、そんな折だった。

もしも私の国に降るものがミサイルではなくて、本だったら。
そして大地に埋まる地雷が一粒の麦だったら、
そしてその地に吹かれる風が自由だったら。
私たちの子どもはもっと幸せだったことでしょう。

「これは、まさに今、我々がやるべきことですよ！」

新聞でスピーチの内容を知った山下さんが興奮気味に電話してきた。早速、メッセージを添え、関係者にファクスとメールで送った。

「『風の絨毯』のコンセプトは、やはり人類愛。そして文化と文化の架け橋です。いつまでも心に残るすばらしい作品に仕上げていくための努力を惜しまない勇気を与えてくれる言葉でした。今後ともご支援のほど、よろしくお願い申し上げます」

同時多発テロ。報復攻撃。罪のない民間人が命を落としていく連鎖に、やりきれなさや行き場のない怒りと悲しみを感じていた。人と人の間には「心」があるべきで、「武器」であってはならない。武器で傷つけあうかわりに心で理解しあうために、何ができるだろう。そのときの私たちには、『風の絨毯』があった。この映画を完成させ、世界中の大人と子どもに見てもらうこと。それが、平和の麦を蒔くことになる。進む方向を見失いかけていた私たちを導く光が見えた。

後にマフマルバフ監督のスピーチの全文を入手し、監督の言葉には私たちが受け止めた以上の思いが込められていたことを知った。アフガニスタン難民を題材にした映画『カンダハール』がユネスコのフェデリコ・フェリーニ賞を受け、パリのユネスコ本部での第百六十二回総会「文明の対話国際年」の一部としてメダル授賞式と特別上映が行われた。その際、監督は「神にさえ見放されたアフガニスタン」と題した記念スピーチを発表したのだった。

『カンダハール』をはじめマフマルバフ監督の作品が世界中の人々の心を強く揺さぶるのは、作品に込められた「思い」の力なのかもしれない。「神にさえ見放された国」という言葉が私を強く引きつけた。神にさえ見放された国の人々は、何を信じて生きていけばいいのだろう。「様々な色の糸が結び合い、美しい絨毯が生まれるように、いろんな人との出会いが人生を豊かにする」と『風の絨毯』は訴える。

だが、爆弾と地雷に苦しめられてきた国の人々に、そのメッセージは受け入れられるだろうか。恵まれた国に住む者がきれいごとを言っているようにしか見えないだろうか。

『風の絨毯』の企画書にある製作趣旨は、次の一文で結ばれている。

「この作品を、戦争や不慮の事故で大切な家族を失った世界の多くの人々に捧げます」

その言葉が急に現実味を帯びて心に迫ってきた。言うことは簡単だし、捧げるのはこちらの勝手だが、傷ついた人々の心の糧となること、麦や雨や風をもたらすことは並大抵ではないだろう。しかし、もしも『風の絨毯』が「人間に裏切られた人々」に「人間を信じるすばらしさ」を訴えられたら。そのとき、この作品の意味が生まれるはずだ。

だが、イラン側とやりとりしていると、言葉の端々に「だったら早く撮ればいいじゃないか」という非難が感じ取れた。勝手にイランロケとクランクインの延期を決めた日本側スタッフへのわだかまりは、まだ尾を引いていた。

なんと配給はソニー・ピクチャーズに！

二〇〇一年十一月、アメリカのアフガニスタン報復攻撃は終結した。報復攻撃終結を受けて、十二月、ソニー・ピクチャーズは『風の絨毯』配給を内定した。かねてより「最終決定は、さくら役が決まってから」と返事が先延ばしになっていたが、交渉窓口の担当プロデューサーは、さくら役の柳生みゆちゃんを一目見て、いけると確信したという。

柳生みゆちゃんは大阪生まれの大阪育ち。撮影時はさくらと同じ十歳。つぶらな瞳に意思と引力があり、目だけで台詞を言える子だ。映画はこれが初めて。数多くの子役のデビューを見ている映画関係者たちに「十年に一度の逸材」と言わせたきらめきを放っていた。子役オーディションで審査委員長を務めた映画製作コーディネーターの佐藤久子氏は早い段階からみゆちゃんを絶賛し、推していた。

オーディションのとき、私は受付を手伝っていたが、会場にみゆちゃんが入ってきた瞬間、天使が舞い降りたように辺りの空気がふわっと輝いた。そしてニコニコしながら付き添っている物静かなお母さん。この親子だったらイランでの二か月に及ぶ撮影についてきてくれる、懐の広さと我慢強さを持っているのではと直感した。

ソニー・ピクチャーズ配給決定の知らせを受けた一週間後、みゆちゃんを連れてイランを訪ねた。すでにオーディションのビデオでみゆちゃんを見て「彼女しかいない」と断言していたタブリーズィー監督は、本人に会って、さらにその思いを強くしたようだった。みゆちゃんの目に力があると絶賛し、演技慣れしていないから自然な絵が撮れる、じっくり考えてから動くタイプなので、さくら役にぴったりだと喜んだ。

さくらは画家である母の血を引いて絵がうまいという設定だが、みゆちゃんに試しに絵を描かせた監督は驚いた。

「すばらしい才能だ。これは、そのまま劇中に使える！」

普段から絵を描くのが好きというみゆちゃんは、イスファハンの風景や出会った人たちをスケッチした。みゆちゃんの描いた監督の顔は、見た目の通り髪の毛はなく、ニコニコと優しい目をしていた。監督は子どものように喜び、その絵を胸に抱き締めた。

配給がソニー・ピクチャーズに決まるまではハラハラしどおしだった。

「映画は、極端に言えば誰でも作れる。でも、見てもらうのが難しい」

私が会った映画業界関係者たちは口をそろえてそう言った。完成した作品を上映してくれる劇場をつかまえる難しさ。名のある劇場になるほどハードルは高くなり、全国展開してヒットさせるとなると至難の業。物を作っても流通に乗せられないと消費者の手には届かないように、観客に見てもらうためには配給の壁があるのだった。

「クランクイン前に配給会社を決めておき、その会社にも出資してもらい、同じ船に乗ってもらうことが興行を成功させる鍵」。これが関係者のアドバイスから導いた教訓だった。

出資も含めた配給が内定すると、ソニー・ピクチャーズは脚本にこだわった。今でも私が大切に保管している書類がある。最初の脚本を読んだ担当社員のみなさんのコメントがぎっしり並べられた「風の絨毯に関する意見メモ」だ。細かい点までよく読み込まれ、なるほどと思える指摘に感心した。しかし、実際はイラン側が脚本を大幅に書き替えたせいで、せっかくの指摘はほとんど空振りになってしまった。そのうえクランクインしても脚本は上がらず、脚本重視のソニー・ピクチャーズでは不安を募らせ、作品への不信感を強めていたらしい。

このときの危機的状況を救ったのが『スパイダーマン』と『パニック・ルーム』の相次ぐヒットだった。イケイケ気分に押されて、異端児の『風の絨毯』は大目に見てもらえたのではと思っている。

運は運を引き込む

乗っている人は運を引き込む。乗っている映画もまた同じようで、『風の絨毯』にツキが回ってきた。ソニー・ピクチャーズの配給決定が決まる少し前、文化庁からうれしい知らせが入った。芸術文化振興基金の地域振興映画部門助成作品に内定したのだ。日本とイランの友好と交流を描くストーリー、岐阜県やイラン大使館のお墨付きが評価されたようだ。

時を同じくして、現像会社の最大手、イマジカの出資が決まった。山下さんがその三年前に「いつか一緒に映画を」と約束した当時映画本部のゴッドファーザーこと西部長と五郎丸氏（現在は別会社に在籍）が積極的にバックアップしてくれた。五郎丸氏は数字にめっぽう強く、素人の映画製作にプロの試算を入れ込んでくれた。法律的な書類を作成する知識の高さにも舌を巻いた。

イマジカでは出資を検討する際に、その作品にかかるコストと予想されるリスクと期待される収入を細かく試算し、出資価値があるかどうかを厳しく審査する。既にメセナ寄付を集めている『風の絨毯』ほど資金的なリスクの少ない映画はない、という結論だった。

ネットビジネスのホープという呼び声も高い「カフェグルーヴ」の出資が決まったのもこの頃だった。国内最大の映画サイト『シネマカフェ』を制作運営するカフェグルーヴの創設者にして社長の浜田寿人氏（その後、事業を変更し青山に自社ビルを持つ和牛販売とレストラン業へも進出。二〇〇八年カフェグルーヴ配給のフランス映画『約束の旅路』に平成プロジェクトが出資）は、『風の絨毯』の企画を立ち上げて間もなく、山下さんから紹介された。「会ってほしい人がいるんです。二十二歳で会社を興したやり手のプレーボーイなんですけど」と紹介された浜田社長は、一見いいところのお坊ちゃま風だが日本版レオナルド・ディカプリオの雰囲気が漂うナイスガイだった。アメリカ留学で磨いた言語能力と女性の口説き方は超一流。ついでにビジネスセンスも一流で、ネットを使って何か面白いことはできないかと探しているところに『風の絨毯』を知ったのだった。浜田社長は当初は友達づきあいのお手伝いで参加するつもりでいた。お金をかけない形でうまくシネマカフェの仕事とつなげられたら……ぐらいに考えていたのだが、ある時からその流れが変わってしまった。

さくら役の柳生みゆちゃんを説得しに私と山下さんとともに大阪へ出向いたのが運の尽きだった。予想以上に時間がかかり、その夜は大阪で一泊することになったのだが、あいにくホテルはどこも満室。もともと宿泊する予定だった私が確保しておいたシングルの部屋に三人で泊まることになった。一晩で結束は固まり、「浜田社長」は「浜ちゃん」に、「益田さん」はなぜか「マダム」になり、浜ちゃんは『風の絨毯』から抜けられなくなったのだった。

『風の絨毯』のサイトは、製作段階の早い時期に立ち上がり、他のアート系映画とは一味違う質の高いコンテンツで構成されている。浜ちゃんとカフェグルーヴの熱意の賜物だ。お手伝いのつもりでサイトを作っているうちに、作品への愛着がむくむくと膨らんでしまった浜ちゃん、気がついたら、お金まで出す羽目になっていた。

「大阪で一緒に寝たときから、彼は逃げられないのよ」と言うとみなギョッとするが、一緒の部屋で寝たのは本当の話だ。

他にも朝日新聞が特別協力に乗り気になったり、ポリシー化粧品のメセナ助成が決定したり、クランクイン決定のニュースとともに、停滞していた交渉がまとまりだした。一年半前からコツコツと種を蒔き、水をやっていた「お金のなる木」が、ここにきて一気に実を結び始めた。

「お金があっても人間同士の結びつきが弱ければ、活力が湧かない。

お金がなくても人間同士の結びつきが強ければ、お金を生むことができる」

いつか義母が私に向けた言葉を思い出した。親戚一同が映画製作に反対していたとき、唯一味方についてくれたのが夫の母だった。気持ちの結びついた人たちがひとつの目標に向かって力を合わせたとき、不可能は可能になる。高校の国語教師をしていた義母は、教え子を諭すように私を励ましてくれたのだった。

第４章　ロケも宣伝も毎日が大騒動

イランの現場は元気いっぱい！

二〇〇二年二月四日。『風の絨毯』は、とうとうイランの古都イスファハンでクランクインした。映画製作を思いついてから一年と十か月が経っていた。

イラン人は時間にルーズだと噂に聞いて心配していたが、なんのなんの、朝の五時には全員集合、時間に遅れるということはなかった。現場ではスタッフがきびきびと一生懸命働くのが気持ち良かった。ひとりひとりが自分の役割を責任持って果たそうとするひたむきさが見えた。

映画はイランが世界に誇れるプロダクトである。イラン映画は数々の国際賞に輝き、ハリウッドからも一目置かれている。そんな国家産業の一翼を担っている誇りが現場のスタッフからも感じられた。撮影機材こそ日本に比べるとひと昔前のものだが、スタッフひとりひとりの能力と意欲の高さは目を見張るものがある。それでいて、真面目ではあるが、決して堅苦しくはならない。笑顔を絶やさず、伸び伸びと実に楽しそうに働くのだ。冗談を言い合い、現場にはいつも笑いがあった。初めての映画、しかも海外での撮影とあって硬くなっていたみゆちゃんも、現場の楽しい雰囲気に緊張が解け、リラックスした表情を見せるようになった。

現地スタッフはみな仲が良かったが、中に男同士でチュッチュッしているスタッフがいるのが気になった。イランにはホモの村があると聞いていたので、もしや彼らは……と怪しんだが、それとなく探りを入れると、どうやら単なる親しみを込めた挨拶らしいとわかった。さらに気になったのは、タブリーズィー監督に対するプロデューサーのショジャヌーリさんの愛情表現。監督がいい仕事をすると、ショジャヌーリさんは監督の髪の毛のない頭を抱えてブチューと熱いキスをする。文字通りのスキ

イランの古都イスファハンでクランクイン

ンシップに仰天した。

現場でのムードメーカーとして大活躍してくれたのが、絨毯仲買人アクバル役のレザ・キヤニアンさん。レザは俳優としても人物としても魅力にあふれていて、磁石のように人を引きつける力がある。イラン版ロバート・デ・ニーロ＋アル・パチーノ＋ダスティン・ホフマンと言ったら、ほめすぎだろうか。演技力と男の色気を兼ね備えた国民的大スターなのに、ひょうきんで飾らない性格。現場の雰囲気を盛り上げるサービス精神はすばらしかった。また、監督補佐として演技指導もこなしてくれた。

撮影中、レザがファジール国際映画祭で主演男優賞を受賞したという知らせが入った。一年前、タブリーズィー監督と出会った時期に行われていた、あのイラン最大の映画祭で最高の賞に輝いたのだ。その日の夕食は、このニュースの話題でもちきりだった。

「来年は『風の絨毯』で賞を取ろう！」が合言葉になった。

実際に翌二〇〇三年のファジール映画祭で、この誓いは現実のものとなるのだが、ロケ当時の私は、せめて出品できたらいいなと夢見ていた。

映画は生き物、いや化け物なのか

タブリーズィー監督の現場は、私がこれまでテレビや本や人の話などで得た撮影現場のイメージを覆すものだった。

監督は「役者に脚本を作らせる」撮影スタイルを徹底している。脚本は役者に手渡されるが、あくまで役作りの参考のためのタタキ台でしかない。役者は脚本をもとに役をつかみ、「誠だったらこう言う」「アクバルだったらこうやる」と自分の台詞や仕草を作り上げていくのだ。

撮影の前日にリハーサルをし、本番用の流れを即興で作る。それが一応「決定稿」であり「撮影稿」となるのだが、本番を迎えると、また変わってくる。脚本はあってないようなものという意味が、立ち会ってみてよくわかった。

「みゆねえ、一度も脚本見てないよ」

最も出番の多い、永井さくら役のみゆちゃんは最後まで脚本を見ることがなかった。母親を失ったショックで言葉を失うさくらには台詞がない。みゆちゃんは監督に言い渡された状況から「そのときのさくらの気持ち」を想像し、目や手つきやたたずまいで表現していった。

日本のやり方に慣れた役者さんなら戸惑ってしまいそうだが、みゆちゃんは初めての映画だったので新鮮な気持ちで取り組んでくれた。言葉を使わなくても、つぶらな瞳はさくらの気持ちを豊かに伝えてくれる。

永井誠役の榎木さんは、日本とはあまりに違うイラン式撮影に最初は驚いたようだったが、持ち前の柔軟さで対応してくれた。

「映画は生き物なんですねえ」

ひょうひょうと語る姿は、刻一刻と変わる監督の指示を楽しんでいる余裕すら感じられた。「生き物というより化け物」というのが私の実感だった。頭の固い役者だったら、「昨日と言っていることが違う！」と監督に食ってかかっていたかもしれない。榎木さんのおおらかな人柄と何でも楽しもうという姿勢のおかげで、最後まで和やかな撮影となった。衣装のほとんどを自前で用意し、自分の描いた絵を劇中用に提供してくれるなど、旺盛なサービス精神にも感激した。撮影が中止になったときは画家・榎木孝明に変身し、イスファハンの風景をスケッチしていた。その姿もまた魅力的だった。

リハーサルを重ねながら流れを作っていくイラン式撮影は、とにかく時間がかかる。しかもカットを細切れに割らないので一カットが長い。十分のカットのうち一か所でも気に入らないところがあると、頭から撮り直すことになる。タブリーズィー監督は、これでもかというぐらい丁寧に撮り、しばし熟考する人だった。結局、時間が足りなくなって、榎木さんは一旦帰国し、再びイランに舞い戻ることになった。もし、この撮影スタイルを日本でやっていたら、ロケ費用だけで軽く一億円は超えていただろう。人件費をはじめ食費や交通費などの経費が安上がりなイランだからできる贅沢だった。

撮影に使う絨毯が間に合わない！

贅沢といえば、劇中で使われたペルシャ絨毯はすべて本物である。ペルシャ絨毯はイラン国内でも大変高価なもの。革命後のイランではペルシャ絨毯を国家的財産と

イランを代表する俳優のレザ・キヤニアンさん、榎木孝明さん、柳生みゆちゃん

見なし、国内生産用と輸出用に区分し、海外への持ち出しについては国家が管理し、適正価格をつけている。祭屋台の見送り幕サイズになると一枚で何百万円もの高額になる。主に人件費であるが、人件費が日本の何分の一、いや何十分の一という国でこれだけの費用がかかるという事実から、絨毯を織るという作業がいかに人手と日数を要するかをご想像いただけるのではと思う。合成技術を使う、機械織りの安価なレプリカで代用するなどして費用を抑えることも検討したが、本物で撮りたいというタブリーズィー監督のこだわりは譲れなかった。

平成の祭屋台にかけることになっているペルシャ絨毯はすでに完成していたが、劇中では「織り上げている経過を見せる絨毯」が必要だった。織り始めが一枚と完成寸前が一枚、その間の段階が二枚で、合わせて四枚。分量にして約二枚分の絨毯を織ることになる。制作費用は合わせると一千万円以上になったが、さらに厳しかったのが制作スケジュールだった。絨毯工房が注文を受けたのは、イスファハンでのロケ開始の一か月前。撮影の進行と絨毯制作の進行は並行して進められ、「明日撮る絨毯はまだできていないのか！　どれぐらいでできるのか！」と大騒ぎだった。

日本から頼んでおいた絨毯が工場長のうっかりミスで織られていなかった。高山祭の日取りは決まっているから納期は変えられない。さあどうしよう……。これはストーリー上での話だが、実際の撮影現場でも「絨毯が間に合わない！」の悲鳴が飛び交っていた。

それこそ不可能なスケジュールを可能にしたのは、遠い日本にいる、相棒・アリさんの多大な尽力だった。イランでは人と人とのつながりやコネが何よりもモノを言う。どこの誰とも知らないプロデューサーに「ペルシャ絨毯の映画を撮るから協力して」と言われても誰も動いてくれない。ペルシャ絨毯の二大産地、イスファハンとコムのバザールに強力なコネを持ち、双方のボスから絶大な信頼を得てい

祭屋台にかけられる絨毯はやっと完成した

るアリさんの頼みだからと無理なお願いを引き受けてくれたのだ。

完成した絨毯は、映画のラストシーンで平成の祭屋台「臥龍台」の見送り幕となって登場する。そのデザインは日本の祭屋台職人とイランの絨毯職人が意見をやりとりし、ほぼ一年かけて決めたもの。

「祭屋台に合わせた縦長のサイズなので、放射状の模様ではなく上下のあるデザインにしたい」

「絨毯の絵柄が主張し過ぎると、祭屋台を食ってしまう」

といった日本側の希望を取り入れつつ、イランの国花であるバラと日本の山車によく見られるつがいの鳥をあしらったデザインが出来上がった。ペルシャ絨毯一枚の中にも、東と西の交流が育まれたのだった。

坊さん現る！　電気消える！

映画の現場では予想外のことが次々と起こる。

イスファハンロケは、イランのスタッフは驚かないようなことでも、私たち日本人スタッフやキャストには事件になるハプニングの連続だった。そのたびに撮影は中断し、スケジュールが後ろにずれ込む。榎木さんの帰国日が決まっていたので、撮りきれなかったらどうしようと気が気ではなかった。今だから笑えるが、当時は地元で大騒動となったイスファハンロケ事件がある。

ロケ地のイスファハンはとくにイスラム教色の強い町。女性の頭を覆うスカーフが少しでも外れると、まわりから矢のように注意が飛んでくる。今は使われていない神学校の跡地に絨毯工場のセットを組み、撮影しようとしたとき、事件は起こった。

「何をやっている！」とお坊さんがロケ現場に乗り込んできた。事前に撮影許可を取り、使用料も払っていたのに、である。

「女と子どもが来て映画の撮影とは何事か！」

跡地とはいえ神学校は神聖な場所。私やみゆちゃんやお母さんの姿を見咎めて、文句を言いに来たようだ。慌てて女性陣は目立たない場所に身を隠したが、お坊さんの怒りは鎮まらない。中庭の池に手を突っ込み、その手を天にかざし、涙ながらに何かを訴え続ける。その姿に現場は騒然となった。

結局、その日の撮影は中止。絨毯工場のセットを撤収し、別の場所に移して組み直す段取りになった。泣く子とお坊さんには勝てない。泣いているお坊さんには、なお勝てない。

「日本だったら、許可は取ってあるって押し通すのに」

プロデューサーとしては時間のロスが痛い。だが、イラン人スタッフは、こんな発想をする。

「ここで撮影していたら、事故が起きてケガ人が出たかもしれない。それをあのお坊さんが助けてくれたんだ」

イランのことわざにある「右の扉が閉じれば左の扉が開く」的発想だ。結果的には、新たに見つけてきた絨毯工場のロケーションはすばらしく、元の場所よりも絵になるほどだった。

後日、この「お坊さん事件」をめぐってプロデューサーのショジャヌーリさんは警察に呼び出されて事情を聞かれ、百三十二万リアル（日本円で約二万円）の罰金を支払わされた。「神を侮辱した罪」を問われたらしい。

別な日、別な場所で、

「私、出る予定だったのに、どうなっているのか」とお坊さんを連れて文句を言いに来た女性がいたのだ。なぜお坊さんを連れて来たのかわからない。神を味方につけようとしたのだろうか。

撮影機材は相当量の電力を消費する。カメラ、マイク、録音機……。照明を何台も焚きつけた場合には、短時間の撮影でも、一般家庭の一日分の消費電力を上回ってしまう。日本の撮影では発電機を使って電源にしている。当然イランでもそうするのかと思っていたのだが、「ジェネレーター？　何それ？」と聞き返された。なんと、撮影現場の近所の民家から電気を引っ張ってくると言う。

イスファハン市内を流れるザヤンデルート川の中流、ホレ・ハージュ橋の付近で撮影していたとき、ブチッ！　と突然、照明が落ち、辺りが真っ暗になった。付近一帯が停電になったのだ。その日の撮影は、そこで中断となった。もちろん停電は私たちのせいだ。

撮影の当日に「やめた」って⁉

二〇〇二年三月十五日、ついに高山ロケ初日を迎えた。二度のクランクイン延期のおかげで高山は準備万端。岐阜県の後援を取りつけたおかげで県警にロケ警備の手配がされていた。道路や観光施設などでの撮影許可もすんなり下りた。両親が日頃納めている住民税の元はだいぶ取った。

その二日前に東京のソニービルで行われた製作発表には、NHKとすべての民放局、主要新聞各社をはじめ百名を超える報道関係者が詰めかけ、『風の絨毯』の知名度、注目度は一気に高まった。ロケ地の高山にも多数の報道陣が取材に駆けつけた。スタッフたちは『風の絨毯』のロゴが入ったズボンとフリースのジャケットをここぞとばかりにカメラに見せつけた。工藤夕貴さんとお母さんの桜井納紀子さんから全スタッフに贈られたものだった。実用的で記念になるうえ、テレビに映れば宣伝にもなる。いいところに目をつけた陣中見舞いだった。

メイキング記録撮りのクルーも到着した。最新鋭のHDカメラからフィルムへ変換するデモンストレーション用機材を富士写真フイルムの協力で借りることができた。

カメラを担いだ集団を見つけ、地元の住民が集まってくる。

「ああ、なんとかの絨毯とかいう映画の撮影や」「新聞に出とったなあ」

宣伝効果はバッチリ。地元でも話題のようだ。野次馬の人垣が膨れ、そこに大勢の観光客も加わり、いやがうえにも気分は盛り上がっていく。

だが、高山ロケは波乱の幕開けとなった。午前中に撮影する予定だった茶室のシーンが直前になって二日後にずらされた。日本でも映画は生き物、いや化け物だったのだ。

永井家での葬式シーン撮影当日の朝。

「今日の撮影はナシ。このシーンは撮らない」

タブリーズィー監督の鶴の一声で、撮るはずだったシーンが消えた。撮影が延期になったのではなく、シーンそのものが作品から抹消されたのだ。

すでにロケ場所には自前の喪服に身を包んだエキストラ出演の市民が待機していた。葬儀屋やお坊さんの役を頼まれた市民も出番を待っていた。地元に顔のきく知人のコネで集めてもらった人たちだ。

「すいません。今日の撮影はなくなりました」

事情を説明する間もなく、集まった人々から不満が噴出する。

「しまっとった喪服ひっぱり出してきたんや！」

「せっかく美容院に行って、頭セットしてきたのに！」

「仕事休んで来たんやぞ！」

早起きして撮影に備えていた人たちの声は怒りで震えていた。

「地元のあんたの顔を立てようと思って走り回ったのに、どういうことや？」

人集めに奔走してくれた知人の面目も丸潰れだった。

「それで、撮影はいつになるんだよ！」

「いえ。このシーンはなくなりました。監督の意向で」

「何やそれ！　高山の映画を撮ると言って、外人に振り回されとるやないか」

まったくその通りである。だが、監督が外国人だから振り回されているのではなく、振り回している監督が外国人ということなのだが。

監督にはスケジュールという観念がないのだった。いい作品を作るために時間をかけるのは当然のことで、人を待たせることもやむを得ないと思っているフシがあった。イランの人件費と日本の人件費が比べ物にならないこともわかっていないようだった。

結局、一旦取りやめた葬式のシーンは四十九日のシーンとなって再浮上し、再び喪服のエキストラ集めに走り回る羽目になるのだった。


タブリーズィー監督の要求はとどまるところを知らなかった。

「クレーン撮影をしたい。今から機材を手配してくれ」「永井家に予定していた家がイメージと違う。別な家を用意してくれ」「動きを出すためにステディカムを使いたい」

監督にしてみれば、ひらめきを作品に盛り込み、少しでもいいものを作ろうとしているのだが、そのタイムリミットを度外視しているところが問題だった。撮影前日、ひどいときには当日、もっとひどいのは、本番数時間前に変更や追加をリクエストしてくる。現場スタッフは連日、運動会の借り物競走をさせられているような状況だった。

現場で脚本が刻々と変化するイスファハンでの撮影を見て、ある程度は免疫ができていた私も閉口した。イスファハンでも同様のことはあったのだろうが、そのときの対応はプロダクションマネージャーのアズィンさんが引き受けていたので、ここまでひどいとは正直言ってわかっていなかった。

大量のお弁当が余ったかと思うと、手配が間に合わず、食事が足りなくなる。ロケバスが足りなくなり、スタッフや出演者が移動できなくなる。そして、どんどん時間が足りなくなる……。段取りを重んじる日本の映画現場で経験を積んできたスタッフにとっては、監督は暴君にしか見えなかった。

「言えば何でも用意できるとでも思っているんですか！」

噴き出した不満の矛先はプロデューサーに向けられる。

「監督をコントロールするのがプロデューサーの仕事じゃないですか。監督のやりたいようにやらせてたら、お金も時間もいくらあったって足りませんよ！」

現場スタッフの怒りをなだめながら、「そこを何とか」と頭を下げ、乗りきってもらうしかなかった。

監督とのコミュニケーションを難しくしていたのは、言葉の問題もあった。通訳を介するもどかしさや、「本当にこちらの意図が伝わっているのだろうか」という不安が、障壁となっていた。もちろん、言葉の壁を越えて、「心の声」が雄弁に気持ちを伝えてしまうこともあった。撮影中、タブリーズィー監督の表情をうかがうと、今のシーンに満足しているのかどうかを読み取ることができた。「不満」とはっきり顔に書いてあることもあった。監督もまたスタッフやキャストの表情や反応を見て、現場の空気を読んでいたのかもしれない。

日本人スタッフは言葉の通じないイライラと寒さと疲れをお酒で発散していたが、敬虔なイスラム教徒の監督は甘い紅茶と「お祈り」で気持ちを鎮めていたようだ。

飛騨美人も集まった祭シーンは大騒ぎ

高山ロケのハイライト、四十年に一度の祭のシーンは、タブリーズィー監督が特にこだわった部分だった。撮影は「飛騨高山まつりの森」の広場を借り切って行われた。

祭のシーンには四百人近いエキストラが必要だった。高山は人口が少ないうえ平日に学校や会社を休んで映画のエキストラに出てくれる人を探すのは難しそうだった。そこで市外から駆けつけてくれるエキストラも考慮に入れ、いちばん人を集めやすい祝日の午後に招集をかけていた。

ところが監督は「大事なシーンなので、スタッフが慣れてきた最後に撮りたい」と譲らない。最終日は平日。それも高山でエキストラを動員することがどれだけ大変なことであるか、監督はわかっていない。おまけにその日の天気予報も良くなかったのだが、監督がやると言ったらやるのだった。地元のツテを総動員し、必死で人を集めた。地元協賛企業が社員を割当ててエキストラを派遣すると申し出てくれた。地元紙もエキストラ募集記事を組んでくれることになった。

余談だが、エキストラの中に地元紙の案内記事を見て着物で駆けつけてくれた飛騨美人のグループがいた。それに気をよくしたのが、イラン人のカメラマン、プヤさん。イランでは夫人の尻に敷かれ、他の女性を褒めることなど怖くてとてもできないのだが、ここは遠い日本、気が大きくなったプヤさんは「君たちはとてもきれいだ、すばらしい、美しい」とペルシャ語で褒めちぎった。その現場をたまたまNHKの取材カメラがキャッチしたから、さあ大変。飛騨美人を口説くプヤさんの姿は、日本とイランの交流シーンとしてニュースで大々的に放映され、笑い話に尾ビレ背ビレがついて、噂は海を越えたイランまで飛んでしまった。夫人の元に戻ったプヤさんがどうなったか……幸運を祈りたい。

さて、そのプヤさんが操っていたカメラ、この日は監督がこだわったクレーン撮影だった。雲行きが怪しいので時間を繰り上げて撮り始めたが、風が出て雨がパラパラ降ってきた。輪島塗りに純金、一位一刀彫り、春慶塗り、絹織物、最高級の素材と技術の結晶である祭屋台は雨に弱い。

「撮影を中止して！　今すぐ屋台をドームに入れんと大変な損害になる！」

親方で設計士の中田秋夫氏が血相を変えて飛んできた。睨むような目つきが、一刻も待てないと訴えている。一台三億円は下らないと言われる「臥龍台」が雨風にさらされているのは、親方にとっては身を切られるように辛いことだったのだろう。

だが、監督はなかなかOKを出さず、なおも粘ろうとする。プロデューサー判断で助監督に指示を出し、監督の代わりにOK指示を出す強行策に出た。急いで屋台を引き戻す際、金でできた鳳凰部分が風にあおられてガシャーンと落下した。ああああ……損害額が頭をよぎった。

監督は途中で撮影を打ち切られたことが不服だったようで「このシーンがうまく撮れていなかったら撮り直す」と言い張った。そんなお金も時間の余裕もない。監督の狙った絵が撮れていることを神に祈るしかなかった。高山ロケが終了した数日後、先に東京に戻った山下さんから緊迫した声で電話があった。

「撮り直し……だそうです」

言葉を失い、凍りついた。しばしの沈黙が流れた。

「嘘です。ちゃんと撮れてましたよ」

高山での撮影は大騒ぎに……

電話の向こうで山下さんがおどけるまでの短い間に、飛んで行くお金と頭を下げなくてはならない回数を計算してしまった。

「山下さん、ひどい！　心臓止まるかと思ったじゃない！」

「いつも益田さんには冷や冷やさせられてるんですから、たまにはいいでしょう」

しかし、冗談を言い合える余裕があったのは束の間、『風の絨毯』にはまだまだ試練が待ち受けているのだった。

第5章　魔女とイラン人との化かし合い

イランと映画製作なんて正気ですか!?

「ＩＫＫという団体があるんですが、ご存じですか。正式名称はイラン経済研究会と言いまして、イランとビジネスをしてきた企業人の情報交換と交流の場となっております。その五月の例会にぜひお越しいただきたいのですが」

二〇〇二年四月のある日、「ＩＫＫ事務局」の川崎知氏より電話があった。その数日前、「日本経済新聞」の文化欄に私のことが大きく取り上げられていた。「祭屋台、ペルシャの風吹け」という見出しと「絨毯でイランと飛騨高山結ぶ合作映画製作」という小見出し。アリさんとの出会いから三月の高山ロケまでの紆余曲折を綴ったものだった。

この記事に目を留めたのがＩＫＫ理事の竹村連氏だった。日本とイランが共同で石油化学プラントを開発するプロジェクト、ＩＪＰＣで現場指揮にあたり、七〇年代後半のイラン革命、八〇年に勃発したイラン・イラク戦争による混乱で苦い体験をされた方である。

竹村氏には、イランとの楽しい思い出はあまりない。イランを振り返って蘇るのは、苦々しい記憶ばかりである。革命や戦争という異常事態の下では、社会経済の組織だけでなく、個人の良識や良心も破壊されてしまう。そのときまでの人生経験はほとんど役に立たないという異常な状況の中で、竹村氏は国際プロジェクトの責任者としてイランと日本の板挟みになったのだった。

竹村氏には、何年経っても忘れられない事件があった。

革命時、建設現場でも下克上が起こり、治安が悪化していた。イラン人労働者に混じって一般民衆までもが日本人や外国人作業員に暴行を加える事件が多発し、イラン人幹部も止めることができなかった。ＩＪＰＣでは工事を一時中断し、日本の建設業者を一時帰国させたが、イランから「工事を再開してくれ」と強い要請があった。

このとき日本の業者が現場復帰にあたって出した条件は、未払いになっている工事代金を清算することだった。引き上げ帰国が緊急のことだったので、支払いが一部未清算になっていたのだ。これまでの工事代を清算してもらえなければ工事は再開できない、という日本側の主張は十分筋が通っている。だが、イラン側は「清算は後。現場に戻るのが先だ」と言い張った。

その理由を聞いた竹村氏は耳を疑った。

「清算して金を渡せば、日本の業者は戻ってこない可能性がある。それに、もし先に清算すれば、お前は日本からいくら受け取ったんだと疑われる」

当然支払うべき代金を駆け引きの材料に使い、代金を支払うという当然の行為が賄賂の疑惑の対象となる。そんな発想がイランではまかり通っていた。同じような出来事はその後も繰り返された。誰もが疑り深くなり、互いの腹の内を探りあっているような居心地の悪さがあった。竹村氏もまた、イラン人を信じることはできなかった。

王政、国王の独裁的親政、革命による排他的民族主義、イラン・イラク戦争という激流にもまれる中で、何とか我が身を守ろうと他人に責任を押しつける傾向が強まったのではないか。竹村氏は動乱の歴史に翻弄されたイランの人々に同情を感じつつも、イラン人と仕事するのはもうコリゴリと思っていたという。

そんな竹村氏だから、自らペルシャ絨毯商売に手を染め、イランとの合作映画にまで手を出した私の記事を読んで驚いたのだった。

「最初はビジネスで飛び込んだペルシャ絨毯の世界だが、イラン人の優しい人柄や伝統文化に触れて、イランの良さを日本人に伝える方法はないかと思い始めた」

記事の一節を読み返し、竹村氏は首を傾げた。ここに書いてある話は逆ではないのか。イラン人が日本人の優しい人柄や伝統文化に触れて、ならわかる。日本の良さをイラン人に伝える、ならわかる。だが、何度読んでも「イラン人の優しい人柄」「イランの良さ」となっている。この益田祐美子という人物は、本気でイランのすばらしさを日本に伝えようとしているようだ。一体何を考えているのか、会ってその心を確かめたい、そう思ったらしい。

竹村氏は早速ＩＫＫの事務局に連絡を取った。それが私とＩＫＫを結ぶ線となった。

「約束が違う」はイランの日常

『風の絨毯』は、日本から送った脚本では、「注文していた絨毯が火事で焼失してしまった」という話にしていた。ところが、イラン側から返ってきた脚本では「注文していた絨毯が、ほど忘れでまったく織られていなかった」という展開になっていた。タブリーズィー監督いわく、「これがイラン流」なのだという。日本側スタッフの間では、これでいいんだろうかという不安があったが、ＩＫＫの会合でこの話をすると、拍手喝采の大受けだった。

「益田さん、その話はまさにイランだよ！」

「お金を払ったのに仕事が進んでなかったってこと、あるある！」

出席者はイランと仕事をしたことがある人ばかり。イラン人とのトラブルでは逸話をごろごろ持っている人たちの集まりである。もちろんその中に竹村氏の姿もあった。

みなさんの武勇伝を聞いていると、私が『風の絨毯』で遭ったトラブルなどかわいいものに思えてきた。万単位のものから億単位のものまで被害額はさまざまだが、ほとんどのトラブルは「約束が違う」が発端であるようだ。

期限を守らない。予算をオーバーする。昨日言ったことと逆のことを平気で言う……。イラン人と仕事をしたら、「約束が違う」は日常茶飯事。

「でも、あちらにしてみれば、約束を破ったつもりはないんですよね。『約束』は日本人の常識にのっとった『一方的な期待』で、イラン人には通用しないんですよ」

私が言った途端、四方から反論が飛んできた。

「それは甘いよ、益田さん」

「イラン人にガツンとやられてない証拠だよ」

イラン人性善説とイラン人性悪説があるとすれば、私は前者だ。日本では不法滞在や偽造テレカ販売などでどちらかといえば評判が悪いイラン人だが、根っこは真面目な憎めない人たちである。相棒・アリさんをはじめ、私が会ったイラン人は優しすぎるぐらい優しくて、こちらが心配になるほど純粋で、子どものように淋しがり屋な愛すべき人ばかりだった。

「私はイラン人が好きだから、イラン人と映画を作れたんです」

そう反論しながら、あれれと気づいた。さっきからイラン人のことをコテンパンに言っているＩＫＫのみなさんだって、実はイラン人やイランに愛着があるのではないだろうか。イランでの経験が忘れたい過去だとしたら、こうして会合を開くことなんてないはずなのだ。忘れがたい思い出だから、仲間同士で集まって、昔の失敗談を笑い飛ばしたり、イラン人観を分かち合ったりしているのではないだろうか。

そう思うと、ＩＫＫのメンバーに同志のような親しみが湧いてきた。彼らがイラン人のことを話す毒舌には「うちのかみさんはまったく怒りっぽくてやんなっちゃうよ」とボヤくときのような、現実を受け入れた諦めと、それでも失われていない愛情を感じさせるのだ。イラン人に翻弄されたり、イラン人と対立したり、イラン人の意外な一面を知ったり……そんな経験を積み重ねて、ＩＫＫのメンバーは「悟り」の境地に至ったのではないだろうか。「日本人とイラン人は違う」ことに気づき、「その違いを面白がるしかない」と開き直ることができれば、イラン人とのつきあいは一気に楽しくなる。イラン人に日本人と同じことを要求するとストレスがたまるけれど、イラン人はイラン人、と思えば、案外ストレスにはならない。私は、アリさんと絨毯を売っていくなかで、そう思うようになった。

イランとの合作映画を作る前にイラン人と仕事をしていたことは、私にとって、いいウォーミングアップになっていたようだ。イラン人と渡り合う基礎体力づくりといったところだろうか。

イランとの交渉は「知恵比べ」「根比べ」

イランにはこんなことわざがある。

「逃げ穴を一つしか知らないネズミは長生きできない」

文化庁に提出するフィルムが期限に間に合わず、特例で延期してもらった締め切り日の直前に届いたのは、およそ映画の形とはかけ離れた代物だった。おかげで一千五百万円の助成金をみすみす逃してしまったのだが、イラン側からは一切謝罪の言葉はなかった。

「最初の脚本が遅れたから遅れた」と前の脚本家に責任をなすりつけたかと思うと、「フランスとの合作では何も問題は起きなかった」と別な映画の話を持ち出し、「監督が頑固だ」と性格の問題にすりかえようとする。自分が悪かったとは意地でも認めない。誰かに責任を押しつけようとし、適当な人がいないときは身の回りの事件や天気のせいにし、挙げ句の果てには「神様がそうするように言ったから」と開き直る始末。謝るかわりに怒濤の言い訳、反論である。

ここで「何としてでも相手に非を認めさせよう」と意地になっても、時間と体力の無駄である。

イラン人は誇り高い民族。非を認めることを何よりも嫌い、自分を守るためにあらゆる手段を使ってくる。日本人から見れば「徹底的な責任逃れ」にしか見えないのだが、彼らにとってみれば「プライドを守る戦い」なのである。そして、いったんプライドを傷つけられると、テコでも動かなくなる。

『風の絨毯』の交渉の場では、イラン側のプライドを損ねることなく、いかに日本側に有利な条件を引き出すかがポイントだった。イラン側はこちらの言い分など聞かず、自分たちの言いたいことだけぶつけてくる。全部聞いていると頭に血がのぼってしまうので、上手に聞き流すのがコツだ。幸い私はペルシャ語がほとんどわからず、英語も完全には聞き取れないおかげで、いちいち腹を立てずに済んだ。

あわてず、あせらず、あきずに、あてにせず、あたまに来ず。

イラン観光協会の担当者に教えてもらった「あわてず、あせらず、あてにせず」の三か条を発展させた五か条を自分に言い聞かせ、交渉に臨んだ。もちろん笑顔とジョークも忘れずに。ニコニコしながら相手に言いたいだけ言わせておいて、こちらも同じ主張をしつこく繰り返す。根比べのような交渉だった。

あるとき、面白い発見があった。

「ペルシャ語がわからないし、英語の解釈も違うといけないので、テープレコーダーに録音させせて。日本に帰ったら通訳に訳してもらうから」と断り、テープを回したところ、テープレコーダー相手では調子が出ないのか、証拠が残るとまずいのか、反論があまり出なくなったのだ。

以来、相手の気勢をそぎたいときはテープレコーダーを活用している。そして、こちらの主張はきちんと紙に書いて相手の懐に押し込むのである。

イラン人も魔球にタジタジ

『風の絨毯』の劇中に、次のような会話がある。

「絨毯はどうなった?」「うちは忙しい。子どもだって兵隊ぐらい大勢いる」

注文しておいた絨毯が期日になっても仕上がる様子がないので仲買人が工場長を問い詰めるシーン。工場長は見事に質問をはぐらかしている。

イラン人をよく知る人なら、ありがちだ、とニンマリするだろう。イラン人すべてがそうとは限らないが、イラン人には「答えにくい質問に答えるかわりに別な話題を持ち出す」「仕事にプライベートの事情を持ち込む」傾向がある。ビジネスの交渉場面でも、遅刻や滞納の責任転嫁はお手のもの。

「近所で火事がありまして」「妻とケンカしまして」「子どもが転んでケガをしまして」といった話題で同情を引いて相手の攻撃をかわし、会話を自分のペースに持ち込むのは常套手段だ。

だから私もイラン人との会話には変化球を使う。アリさんとのキャッチボールで鍛えられているので、相手の意表を突くトンチンカン球には自信がある。

「夫の帰りが毎晩遅くて」「娘が反抗期で」「東京は大雪で」

イラン人の真似をしていたつもりだったのだが、ある日、契約交渉にあたっていたベネガーのプロダクション・マネージャー、メヘラン・ハギギさんに言われた。

「今までいろんな国の人と交渉してきたけど、フランス人もアメリカ人も直球しか投げてこなかったから、筋が通って話が早かった。益田さんは変化球ばかりで、調子が狂ってしまう。

どこがストライクゾーンなのかもわからなくなって、どう対応していいかわからなくなる。話が進まないうちに時間がどんどんなくなってくるし、早くまとめなきゃと焦って、とんでもないことを言ってしまう」

なんと、相手を翻弄することでは右に出る者がいないと思っていたイラン人をきりきり舞いさせていたのだ。

「イランの人って、質問Aに答えAを返すかわりに発言Bを持ち出してくるの」と話すと、私をよく知る人たちは笑い出す。「それって益田さんのことじゃないですか」

責任逃れ話術が身についたイラン人（くれぐれも全員ではないけれど）が「どうして納品が遅れたのか」というマズい質問に「昨日のサッカーはどっちが勝ったんだ?」と変化球を返してしまうように、私の場合も、会話がかみあっていないことが多々あるのだという。自分では指摘されるまでまったく気づかないのだが、「今、飛びましたよ」といろんな人に言われる。

その理由は、考え事をしていることが多く、頭に浮かんだことをそのまま口にしてしまう私の性質にあるようだ。

話がトンチンカンなのが営業に向いていた？

私が出資や協力を断られた企業はもちろん数知れず。でも、電話で断られる確率は、十社かけて一社あるかないかだった。なぜかアポは取れる。

企業に乗り込む前に、まずアポを取る必要がある。初めて電話するときは、スロットマシンのレバーを引く瞬間のようなスリルを味わえる。どんな人が電話口に出るのか。どんな言葉が飛び出すのか。ここで終わるか、運を呼び込めるのか……ドキドキする。しかし、「なぜか会ってしまったんだよなあ」と苦笑されたのは、一度や二度ではない。

「電話を切るタイミングを逃してしまった」とおっしゃる方は多い。

電話をガチャンと切られたり、冷たくあしらわれることはまずない。セールス口調のおじさんの声ではなく、女性の声なので、まず警戒心が湧かないらしい。また、私の話し方がのんびりしているせいで、あまり売り込みの匂いがしないらしい。そして、これは本当に意図しているわけではないのだが、私の話はあちこち飛んでしまうらしいのだ。

面と向かって話していても面食らわれるが、電話だとよっぽど注意して聞いていないとついてこれなくなってしまうそうだ。相手は受話器を置くに置けず、物珍しさも手伝って続きを聞いてしまう。そうするうちに、いつの間にか「まあ続きは会って聞きましょうか」と言ってもらえる。

「この益田という人物は天然ボケなのだろうか、計算でボケているのだろうか」と実物を見て確かめたくなった人。「ここまで話を聞いてしまったんだから、会ってもいいか」とあきらめの境地に入ってしまった人。

理由は人それぞれらしいが八十件余りのアポを電話で取りつけることができた。

売り込みを受ける相手だって、人間。見知らぬ相手からの営業電話には誰でも最初は身構えてしまうけれど、こちら側の心の傘を大きく広げて話しかければ、相手の傘も少しずつ開いていくように思う。

話の腰を折ってしまったのは一度や二度ではないが、出資を断るつもりの企業が断りそびれて次回交渉に持ち越しになるという、うれしい誤算も生まれた。

思考回路と口の動きがシンクロしているせいで、とんだ言い間違いをしてしまうこともある。UFJ銀行三軒茶屋支店の支店長代理に融資をお願いしに行ったとき、「この人に何としてでもおねだりしなくては」と思った瞬間、「頼みますよ、おねだりさん」と呼びかけてしまった。

支店長代理の名は「小野寺さん」。以来、小野寺支店長代理は支店内で「おねだりさん」とあだ名がついてしまった。本人も案外気に入っているのか、おねだりさんと呼ばれると、はーいと返事を返している。おねだりさん効果か、難航していた融資も取りつけることができた。

「益田さんは魔女ですから」と山下さんは笑う。いつのまにかスタッフの間では、益田をもじって「魔女田さん」と呼ばれるようになってしまった。

余談だが、私と行動を共にすることの多い山下さんは『魔女田語録』をつけ、私に内緒でスタッフに披露しては笑いを取っていたらしい。先日そのメモを見せてもらい、その珍言の数々に我ながら感心してしまった。

「益田さんはそのままがいいですよ」

と温かく見守ってくれる人たちの言葉に甘えて、精一杯ボケさせてもらっていた。

そんなとき、気を引き締めなければいけない事件が起きてしまった。

イランとの契約決裂!?

「イラン人を面白がるのが仕事をスムーズにするコツです」

「イラン人のプライドを尊重すれば、交渉はうまくいくんです」

ＩＫＫの例会では調子のいいことばかり言っていたが、同じ頃、重大な問題に直面していた。出資が内定していたソニー・ピクチャーズ、イマジカ、テレビ朝日、カフェグルーヴとの契約交渉が難航していたのだが、その原因がイラン側と交わした契約書だった。出資者への配分を詰めるにあたって契約書を公開したところ、ワールドセールス（世界配給）の権利の所在に関する記述に不備が見つかった。その部分だけが取ってつけたように不自然な表現になっている。

問題の契約書は、二〇〇二年二月に私がイランへ出向いてサインをしたものだった。契約を交わす直前に製作会社のベネガーとメールで条件をやりとりし、英語が堪能な山下さんが内容を確認し、配給に詳しい弁護士さんにも不備がないことを確認してもらっていた。契約書は百ページ余りで厚みが二センチほどあり、英語でびっしりと契約内容が書き込まれていた。内容はメールで確認してあったので、金額と支払い日だけ再確認し、サインをした。

その契約書の最も重要な世界配給の項目に変更が加えられ、イラン側に都合のいいように書き替えられていたのだ。メールで確認した契約書と私がサインした契約書の英文を見比べていた山下さんが、大きくため息をついた。

「どうして確認せずにサインしたんですか！」

「私はその場で読んでもわからないし、まさか事前に確認したものと中身を変えてくるなんて思わなかったから！」

ケンカしている場合ではなかった。すぐさま単身テヘランへ飛び、ベネガーに乗り込んだ。

「ショジャヌーリさんはどこ？」

「彼はいない」と応対したハギギさんに噛みついた。

「この契約書、中身が一部変えられている！」

「マスダさん、自分でサインしましたよね」

サインしたあんたが悪いと言わんばかりの言い方だ。

「私は読んでいないから納得してない。プロをだますのは許されるけど、素人をだますのは罪。イランの法律にも書いてあるでしょ！」

必死で食い下がった。このサインが有効になったら、『風の絨毯』はイランのものになってしまう。思わずプロデューサー魂がムクムク湧きあがり、咄嗟にイランと交わした契約書をびりびり破り始めた。

「私は家も売った。車も売った。もう他に売るものはない。このままじゃ日本に帰れない……」

言いながら涙がボロボロ出てきた。ハギギさんは、私の涙を勘違いしたようだった。

「君はどうして契約書を破るんだ！」

「契約書が紙だから、鉄でできていたら破れない！」

さすがのハギギさんもこの答えには面食らったらしい。怒りを通りこして、この先の映画そのものの完成を心配したらしい。ハギギ氏の目に同情の色が宿った。

イスラム教の経典にある言葉を思い出した。

「金持ちからは金を取れ。貧乏人には施しをやれ」

哀れなプロデューサーを助けてくださいと目で訴えた。

同情作戦が功を奏したのか、しばらくして、イラン側は態度を軟化させた。

「これは機械のミスです」

と契約書の改ざんをワープロのせいにしたのである。イランには意思を持ったワープロが存在するらしい。ともあれ契約書に不備があることは認めてもらえたわけだが、イラン側は私のサインを無効にする交換条件を持ち出してきた。

「そちらから払ってもらう予定の、例の経費ですが、いくら出してもらえますか」

交渉役のハギギさんが言った。例の経費とは、イスファハンでのロケのメイキング撮影にかかった機材費と人件費を指していた。機材とスタッフの貸し出しをベネガーが仕切っていたのである。費用は製作委員会から後ほど払うという話はついていたが、このタイミングで金額の話を切り出すのは、切り札に使う魂胆が見え見えだった。

「出せる金額で誠意を見せろ。金額次第で契約書の件は丸くおさめてやる」という圧力が感じられた。

「その前に請求書を出してください。請求書がないものにお金は出せません」と言うと、内訳は機材費と人件費だけなので書くまでもないと突っぱね、「いくら出せる？」の一点張りで譲らない。

これまでもベネガーとの間にお金のやりとりは発生していたが、請求書が存在したのはホテル代ぐらいで、その他のケースでは見た覚えがない。あれとあれでだいたいいくらという曖昧な値付けで商談は成立していた。それがイラン流なのかもしれないし、金額に納得できれば形式にはこだわらない。だが、相手がふっかけてきている場合は証拠を残さなくてはならない。

「一体いくら欲しいのか、金額を言ってくれないと」

「じゃあ二百五十万円」

相場の十倍の値を出してきた。

「法外な！　そんな金額は払えない！」

「じゃあいくら払える？」

このやり方はペルシャ絨毯の商売と同じだと思った。値段を示さずに客がいくらぐらいなら払えそうか感触をつかんでから交渉に入る。こちらから値段を言っては、交渉に負けることになる。

「今すぐ、いくらなら出せるか書いて、さあ」

ハギギさんは先ほどより弱気になっていた。ここで私との交渉に失敗したら、ベネガーは権利もお金も失うことになる。ショジャヌーリさんは部屋から姿を消したまま行方不明になっていた。私も追い詰められていた。実は帰国の飛行機が出発するまで、あと三時間だった。このままでは手ぶらで日本に帰ることになる。だが、映画は作って終わりではない。配給という長い旅も共にすることを考えると、イラン側の言いなりになる前例は作っておきたくない。あくまでパートナーとして同等に話し合ってビジネスを進めていきたかった。

「だったら、この映画、捨ててもいい」

イラン側が出してきた「ベネガーに○○万円支払う」と金額を空欄にした覚書をまたもや破り捨て、帰り支度を始めた。

空港に向かう間、交渉役から運転手に早変わりしたハギギさんは、「いくらだったら出せる?」の繰り返しだった。最後まで金額は言わなかった。


帰国すると、イランのハタミ大統領の著書『文明の対話』（平野次郎訳、共同通信社刊）を読んだ。「武器ではなく対話から解決していこう」というこの本のコンセプトを作ったのは、何を隠そう、ベネガーのショジャヌーリさんである。

「私は対話のためにイランへ飛んだが、あなたは対話さえせず姿を消した。ハタミ大統領の言葉と違う」とショジャヌーリさんあてにメールを書いた。

「私が納得できる金額は二十五万円だ」

提示した十分の一の金額を見てイラン側は激怒したと聞いているが、ショジャヌーリさんはメール上での対話に応じ、「二十五万円は安すぎる」と返事を寄越した。少し色をつけて三十万円で折り合いをつけた。

数日後、サインの入った「正しい契約書」が送られてきた。

結果オーライとなった契約書騒動の一部始終をＩＫＫ関係者に話すと、「契約書は自分の控えと二枚重ねて透かして見ないと。常識だよ」と笑われた。

自分たちに都合の悪い部分を削ったり、都合のいい文言を足したりするのはよくあること。だが、見落としたほうが悪いので、確認を怠ってはいけない。メールでやりとりした契約書を持ってイランへ行き、イラン側が示した契約書と重ねておけば、サインする前に指摘できたのだ。いい勉強になった。

「イラン人との交渉を重ねると、良くも悪くも知恵がつくよ」とＩＫＫ関係者は言う。

ビジネスの世界は真剣勝負なので、自分の利益のために躍起になることや目的のために手段を選ばないことを卑怯だと一方的に責めてはいけない。相手より先手を打つ、相手を出し抜くぐらいの気合いと覚悟が必要なのだろう。

絨毯の売り買いでイラン人気質を理解したつもりになっていたが、商品が介在しない映画の世界での交渉事は、いちだんと難易度が高くなる。無から作品を生み出し、価値あるものに育てていく作業。その間に発生する経費も相場があってないようなものだし、話の持っていき方次第で値段はいかようにも変化する。

お金だけでなく時間の管理も映画の世界では大きなウェイトを占める。絨毯の場合は納期に間に合わせればいいが、映画は刻まれたスケジュールの数だけ納期があるようなもので、ひとつずれると全体の予定が狂ってきてしまう。決められた予算とスケジュールをやりくりしながら、いかにスムーズに映画を作っていくか、その采配をするのがプロデューサーの仕事。

イランでの撮影は試行錯誤の連続だった

イラン人スタッフとの共同作業であった撮影現場では、彼らにどう働きかければ気持ち良く仕事ができるのか、毎日が試行錯誤の連続だった。だが、育った文化は違っても同じ地球の住民同士、たどり着いた答えはやはり「心」だった。

「人の心と心は高速道路でつながっているって、イランでは言うんだよ」とイラン人スタッフのひとりが教えてくれた。

なぜ高速道路が出てくるのか、よくわからなかったが、気持ちが伝わるスピードを言いたかったようだ。相手を疑った途端、相手もこちらを疑う。相手を信じれば、その気持ちが跳ね返るように相手もこちらを信じる。日本語の以心伝心に近い意味合いかもしれない。

「私はあなたたちが大好きだから精一杯やるよ」ということをそのイラン人スタッフは伝えたかったのではないかと思う。私もイラン人が好きだから日本とイランが心を通わせる映画を作りたかったのだと原点に立ち返り、その気持ちを積極的に伝えていくことにした。

この体験が、二〇一〇年に製作を開始した日韓合作ドキュメンタリー映画『海峡をつなぐ光』『李藝』、二〇一六年製作のドキュメンタリー映画『サンマとカタール』、二〇一九年製作の日露合作映画『ソローキンの見た桜』、二〇二一年製作の『ハチとパルマの物語』という五つの映画製作に繋がることになる。

第6章　映画製作の人脈と体験は次につながる財産

お披露目は東京国際映画祭だが……

『風の絨毯』を最初にお披露目する舞台として、東京国際映画祭は早くから頭の中にあった。国内最大の国際映画祭であり、話題性はバツグン。海外からの注目度もある。

ところが、出品審査に提出する作品がなかなか仕上がらない。作品を見なくては判断のしようがないが、イランでの編集作業は一向に終わらない。イラン側は「映画祭に間に合わせるために作業を急がすなんて、ありえない」と主張する。

自分たちが満足できない状態で、お客さんには見せられない。納期がゴールなのではなく、自分たちが完成だと認めた瞬間がゴールだと考えているのだ。永遠に決定稿にならない脚本のように、仕上げの作業も最後までこだわり続ける。ここには「1＋1＝Jファクター（虚数）」というイラン式虚数方程式が働いている。

日本側は「1＋1＝2」の発想で映画を作る。「予算はいくらだから、この機材で我慢しよう。スケジュールはいつまでだから、作業はこのペースで行こう」と引き算で予算やスケジュールを管理する。そして、「公開はいつで、どの映画祭を狙い、収入はどのくらいで……」と

成果を足し上げようとする。ところが、イラン側は、

「機材は妥協できないから、あといくら足してくれ」

「編集作業がいつ終わるかは、やってみなくちゃわからない」

「どの映画祭に出すかは、仕上がりを見てから決める」

といった具合。予算もスケジュールも完成作品の成果も予測不可能なのだった。

イランでも映画はビジネスなのだが、商品である以上に文化価値としての意味を持っているようだ。映画が国家産業として尊重されているという環境の中で、イランの映画人たちは、誇りを持てる作品を作り上げ

日本橋三越本店に展示された祭屋台

るために全力を尽くしている。その成果が数々の国際映画祭での受賞となって表れている。だが、「作品のためには妥協を許さない」という姿勢をそのまま日本に当てはめられると、困ったことになる。

結局、東京国際映画祭の出品審査の最終締め切り日を過ぎても作品は届かなかった。文化庁の助成金に続いて、またしてもイランのせいでチャンスを棒に振ったかと思ったが、映画祭事務局ではタブリーズィー監督の実績とソニー・ピクチャーズの意気込みを買い、フィルムをビデオに落とした状態での審査を認めてくれた。しかも、イランまで作業経過を見に行った山下さんが持ち帰っていたビデオに応急処置で字幕を入れた代物だった。

審査の結果、『風の絨毯』は特別上映作品に選ばれた。九月五日、映画祭での上映予定日の五十四日前だった。

「映画祭上映には間に合わせてくださいよ。必ずですよ」と念を押されたが、十月に入ってもフィルムが完成する気配はなく、このままでは文化庁助成金のときの二の舞になりそうだった。

すでに協賛各社や関係機関、協力団体に招待状を発送してしまっていた。『風の絨毯』はイランに頼んでおいたペルシャ絨毯が祭の日までに間に合うかという話だが、絨毯をフィルムに置き換えれば、まったく映画と同じ状況である。関係者はペルシャ絨毯を待つ高山の人たちの気分を味わっていた。ソニー・ピクチャーズの制作担当（当時）、小川淳さんは「フィルムが間に合わなければ頭を丸め、自慢の眉を剃れ」と上司から脅されていた。

十月十四日テヘラン発のイラン航空に載せなければ、字幕入れ作業が間に合わなかった。確実に日本に届けるには人間宅配便しかない。ＩＫＫメンバーの紹介で、イランからの帰国が偶然遅れてこの日に重なった景山咲子女史に大役をお願いすることになった。幸運の女神、景山女史が体を張って持ち帰ってくれたフィルムはすぐさま成田空港からイマジカへ向かい、到着するなり字幕入れ作業がはじまった。ひとつでもタイミングがずれれば、東京国際映画祭での上映に穴を空けてしまうところだった。関係者一同、ホッではなくドッと安心した。

東京国際映画祭当日は、夕方五時から記者会見、七時からの舞台挨拶に続いて上映、その後に関係者を招いてのレセプションというスケジュールになっていた。上映はワールドプレミア、つまり世界初のお披露目ということで、晴れの大舞台で初上映を迎えられる幸運を噛みしめた。

舞台挨拶にはタブリーズィー監督、レザ・キャニアンさんとともに、日本人キャストである三國連太郎さん、榎木孝明さん、工藤夕貴さん、柳生みゆちゃんが揃った。

会場の前列は協賛・協力企業の招待席になっていた。どの企業もトップクラスの方々が見えていた。ビシッとしたスーツに身を包んだ集団が居並ぶ光景は圧巻だった。在日イラン大使館、ＩＫＫのみなさんの姿もあった。高山からも観光バス数台で関係者が駆けつけていた。自分たちが何らかの形で関わっている作品ということで、スクリーンを見る目は真剣そのものだった。

その反応につられてか、会場全体の反応は予想以上だった。微笑ましいシーンには笑いがこぼれ、涙を誘うシーンでは鼻をすすり上げる声が聞こえた。またイラン人と日本人では笑うタイミングが微妙にずれるのが興味深かった。


クレジットロールが上がると、会場から拍手が起こった。手をたたく人々の姿が波のように揺れて見えた。その波がうねりとなって、私の胸に押し寄せてきた。たくさんの人に見てもらえる映画を作りたい、映画で人々の心を動かしたい、映画を見て、人間っていいなと思ってほしい。『風の絨毯』に込めた願いが、今この瞬間、かなえられたのだという実感がこみあげてきた。この作品がここまで大きくなるまでにお世話になった人、励ましてくれた人、心配をかけた人、いろんな人の顔が浮かんでは消えた。そのひとりひとりに伝えたい「ありがとうございます」が頭の中で渦巻いていた。

イランのアカデミー賞で三部門受賞！

二〇〇三年二月、テヘランにて開催された第二十一回ファジール国際映画祭に『風の絨毯』は出品された。同映画祭に日本とイランの合作映画が披露されるのは初めてということで、上映前から国内外で注目を集めていたが、上映に立ちあってみた反響は予想以上だった。監督がイラン人で、いかにもイランらしい作品に仕上がったとは思っていたものの、果たしてイランの人々にはどう映るのか楽しみでもあり不安でもあった。上映が始まると、会場は爆笑また爆笑、『風の絨毯』はこんなに笑える映画だったのかとびっくりした。

お祝いの宴にムッラ（イスラム教のお坊さん）が現れるシーンは、東京国際映画祭ではあまり反応がなく「意味がわからない」という辛口の感想もいただいたが、イランでは拍手喝采の大受けだった。「おめでたい席に私がいると白けますから」と立ち去るムッラの姿は、ムッラが幅をきかせているイスラム社会への皮肉を感じさせるのだという。体制をチクリと批判するのが好きなのは、どの国民も同じこと。イランの人々にとっては胸のすくシーンだったようだ。

この映画祭には観客の投票で決まる「観客賞」があったが、『風の絨毯』はなんと八割を超える過去最高の支持を集め、受賞の栄誉に輝いた。それだけでも飛び上がりそうにうれしかったが、「審査員特別賞」と「World Church Prize for the best Religious & Cultural Film（宗教や文化を扱った最優秀作品に贈られる国際カトリック協会賞）」までも受賞してしまった。強運の映画の、恵まれすぎたスタートだった。ファジール国際映画祭は中東最大、もちろんイラン最大の映画祭で、「イランのアカデミー賞」と呼ばれている権威ある映画祭。ここで受賞することは、イスファハンロケ以来の念願だったが、三部門で賞をいただけるとは夢のようだった。観客賞が何よりもうれしかった。イランの人々に「自信を持って、どんと行け！」と背中を押されたようだった。

映画祭にあわせて開かれた「日本イラン文化交流会」での特別上映会には、在テヘラン日本人会のメンバーがほぼ全員そろっての『風の絨毯』鑑賞となった。

「子ども映画かと思ったら、痛烈な社会風刺の映画だね」と、ある石油商社の方に言われた。『風の絨毯』は、イラン人をよく知り、イスラム社会に触れて、イラン人と仕事をしている人にはたまらなく面白い作品らしい。

「イランに来るうちの社員には、必ず事前に『風の絨毯』を見せて勉強させます」と力強く宣言された方もいた。

テヘランでの劇場公開に長蛇の列

ファジール国際映画祭で三賞を受賞した『風の絨毯』は、イランの首都テヘランでも大変な話題となり、早々に全国規模の劇場公開が決まった。公開に先立って行われた特別試写会には日本とイラン両国の政府関係者も多数出席。日本から舞台挨拶に参加した榎木孝明さんは、劇中で覚えたペルシャ語を披露し場内を沸かせ、イランの若い女性やおば

イランでの興行は大成功だった

さん、子どもたちからサイン攻めにあっていた。

エグゼクティブプロデューサーとして紹介された私は、イランの風習に従って顔にスカーフを巻き黒のスラックスという出で立ちで舞台挨拶に立った。

「イランには不可能という言葉はないと聞きました。あるのは困難か、やや困難。今回の映画製作は、やや困難でした。劇中の台詞にも出てきますが、人間は苦労すればするほど神様に近づくそうですが、私もだいぶ神様に近づくことができました。『風の絨毯』はイランのみな様の協力と信頼関係がなければ完成できませんでした。親がわが子を信じぬくように、企画が生まれたその日から、この作品はきっとすばらしいものになると信じてきました。その思いのままに走り続けて三年、ようやくイランのみな様に劇場で見ていただくことができ胸がいっぱいです。ここからは映画はみな様のものです。今日映画を見て感じたことをどうぞ、多くの人に伝え、ここから何かを感じとっていただければ幸いです」

『風の絨毯』のイランでの興行成績は、トップスターのレザ・キヤニアンが出演していることもあり連日大盛況。国内ではイランの社会体制を批判する風刺映画としても広がりをみせ、周辺のイスラム圏でも公開されている。反体制を示唆する映像部分は、日本人が観ても何も感じないけれどイラン人なら誰でも感じるエッセンスがあちこちに隠されているのだという。

映画製作においても、イスラム司法省の厳しい制約があるからこそ、タブリーズィー監督はこの映画に国民の本当の思いを込めたのかもしれない。

「イラン人との映画製作は、困難」と言われたけれど、人の心は傘に似ていて、開いたときに最も良く機能することを身を持って知ることができた。お互いの心と心が重なったとき、不可能は可能になるということを、『風の絨毯』は示せたのではないかと思っている。

三國連太郎夫妻の応援賛歌

日本における『風の絨毯』の興行は全国四十二館の劇場で公開され、ヒット作とは言えないものの予想を上回る興行成績となった。しかし、劇場収入だけで資金回収をするには至らず、その後のビデオ販売とテレビ販売での資金回収を積極的に行っていた。ビデオ販売に強いソニー・ピクチャーズとテレビ販売のプロ、テレビ朝日の本領発揮。改めて製作委員会方式で映画製作をしてよかったと実感することになる。

映画制作のスタッフは、出来上がると次の作品の制作現場に移動する。ところが、『風の絨毯』が初めての「作品」であり、どう育っていくのか心配だった私は、全国各地の劇場公開初日に足を運び、チケットを売ったりPRをしたりとステージママならぬ作品ママをしていた。すると、映画というのは、見る人によって反応が違うのがよくわかった。

イラン人と日本人ではもちろん、お年寄りと子どもでも受けるところが違う。映画評論家や新聞の映画欄の映画評論だけが、映画の評価だと思ったら大間違い。実際に劇場に足を運び映画を見た一般の人々の感想こそが、映画の価値につながるのではないか。

たまたま三國連太郎さん（二〇一三年他界）ご夫妻に、その話をしたら、

「映画館を出るときのお客様の顔の表情が一番大切なんです。あなたは映画を作ったことで、これだけの人脈や体験を得たのだから、それをもう一つ進めて、次につながるものを財産として残すことを考えなさい」とアドバイスをいただいた。そう、一本だけならお金があれば誰でもできる、後世に残る普遍的なテーマの作品を残すことに大きな意義がある。ふつふつと湧いたこの思いが、長編ドキュメンタリー映画『平成職人の挑戦』の原動力になっていた。

職人の声から生まれた記録映画『平成職人の挑戦』

二〇〇三年八月、『風の絨毯』の劇場公開が一段落した頃、地元飛騨高山で、エキストラ

として映画に出演していただいた塗職人さんから、一本の電話があった。

「『風の絨毯』には、ペルシャ絨毯の制作シーンはぎょうさん出ていてよくわかったけれど、飛騨の祭屋台の復元に骨身を削って取り組んだわしら職人のシーンが、すっぽりなくなっていたのでがっかりしたさ。あそこが一番見たかったのに、カットされた部分だけでもつないで、記録として残してもらえんかな？」。撮影終了後から、心の奥底にずっと渦巻いて気になっていた部分を指摘する言葉が、ぐさりと胸に突き刺さりぬけなくなった。

飛騨高山で生まれ育った私は、代々受け継がれてきた地元の職人たちの技を何とか記録に残しておきたいという気持ちを持っていた。実は、『風の絨毯』の撮影でも、祭屋台の復元にかける地元の宮大工や塗師、飾金具師などの職人技のシーンをたくさん撮っていた。

ところが、イラン人のカマル・タブリーズィー監督はペルシャ絨毯の制作シーンを中心にして、日本の場面をほとんどカットしてしまった。ハリウッドなら編集権はプロデューサーが持ち、強引に編集方針を固めることができるのだが、初めてだったため、編集権はイラン人の監督が持つという契約を結んでしまっていた。これぱかりは契約をひっくり返すことはできなかった。その悔しさを、メイキングを作ってもらっていた乾弘明ディレクターに話したところ、「職人の技を追うドキュメンタリーでいこう」とアイディアを出してくれた。

プロデューサーとして二本目の映画になる『平成職人の挑戦』は、飛騨高山の祭屋台の制作に挑んだ職人たちの技を追った長編ドキュメンタリー。監督は、発案者でもある乾弘明氏にお願いした。

乾監督は、テレビ制作会社入社後「ニュースステーション」（テレビ朝日）に出向し、主にドキュメンタリー番組のディレクションを経て、二〇〇四年に制作会社「花組」を設立。自然保護やエコ関係、水中撮影番組では専門家の間でも高い評価を得ている。現場での丁稚経験が長いだけに腰が低く、職人の目線に合わせて作業を進めるので必ずいい作品ができると信じていた。

映画業界の専門家からは、「職人のドキュメンタリー映画なんて誰が見るの？」「劇場公開するのは興行的に無理、やめといたほうがいい」と耳打ちされたが、何のために映画を作るんだという目的がはっきりしていたので、制作を途中で止めることはなかった。

映画の製作資金は、『風の絨毯』から得た回収資金を原資に、出費を最小限に抑えた。今まで撮りためていた映像と再撮影を加え、自分の技を後継者に伝えるために職人自身が撮影していた古い映像を最新機材で変換し映像を生きかえらせた。それでも最後の編集段階で一千万円ほど足りなくなった。いちかばちか文化庁の記録映画の助成金募集に応募したところ、幸運にも採択され、国際交流基金からも支援金が受けられたので何とか完成にこぎつけることができた。

平成職人を泣かせた舞台挨拶

二〇〇四年十一月、東京・六本木のオリベホールで長編ドキュメンタリー映画『平成職人の挑戦』の完成披露試写会が行われた。平成の祭屋台「金時台」の新造を中心に、平成の匠たちの十年間を追った記録映画。

「金時台」を設計・施工した中田秋夫さんと、宮大工棟梁の八野明（二〇一九年他界）さんをはじめとする匠たち、総勢十八名の

『平成職人の挑戦』の撮影現場

平成職人がバスをチャーターして高山から来場し、スーツ姿で舞台挨拶をした。作業着が普段着の職人たちだが、スーツ姿も様になる。

映画製作者を代表して、乾弘明監督が完成までの経過とお礼を述べる。続いて、平成職人を代表して、設計・施工を担当した中田秋夫さんが挨拶をした。厳密には「設計」と「伝統工芸の匠」は区別されるようだが、どちらも「職人」であることには変わりない。

「平成の祭屋台は、全部で八台造らしてもらいましたが、制作に関わった職人は百五十名にも及びます。この仕事は、中田金太社長の『力と理解』がなかったら実現しなかった。仕事には厳しいですが職人の苦労がわかる人。日本人が文化を放り出して、モノを作らなくなったら終わりやと思います。この場を借りて職人一同こころよりお礼申し上げます」

その言葉に合わせて壇上の職人全員が頭を下げると、満席の会場からは温かい拍手が湧き起こり、ああ、これで職人さんへの恩返しができると、肩の荷が下りた。

続いて、味わいのある語りで作品に格と深みを加えてくださった三國連太郎さんが壇上に姿を見せた。

「職人たちの仕事ぶり、情熱、ある種の人間性、プライド、社会性、戦後見捨てられてしまった日本の文化を、現代に生き返らせようとするその誠実さに感動しました。私は、この職人さんにどこまで追いつけるかわかりませんが、自分の役者人生、自分で納得できる生き様に問い返したい」

役者魂を込めた決意表明のような力強い挨拶に、会場は万雷の拍手に包まれた。

平成職人たちの技と心意気、それを遺そうとする金太さんの思い入れに共感し、三國さんは「役者も職人でなくては」とナレーションを引き受けてくださった。

最後に登場した中田金太さんは、ユーモアたっぷりの舞台挨拶で会場を笑いと感動の渦に巻き込んだ。

――完成した映画『平成職人の挑戦』を観て、実際のことを言いますと、職人さんたちに「あぁ、申し訳なかったなー」という自分自身の反省の気持ちが、初めて出てきました。今まで、「仕事だから」と言ってきたつもりですが、この映画を通じて、職人さんたちのその心得と真剣さがよくわかりました。

今思えば、職人さんは、十一年間かかって八台の屋台を、毎日毎日自分の子のようにして造られた。この間に習得した技術や新しい文化が百年、二百年と高山に残ればいいなと思います。しかし、実際にこうして完成してみると「文化を創ることより遺すことのほうが非常に難しい」と実感しています。

職人たちは「私財を投じて腕を試す機会をくれた」今は亡き金太さんに感謝はしていたが、金太さんと職人はお金を払う人と払われる人、いわば雇い主と雇われ人の関係だった。だが、壇上から「ありがとう」と言われて、それまでのわだかまりがすーっとぬけたらしい。

映画上映後、職人さんたち一人ひとりから「映画に残してもらって、本当にありがとう」と御礼の声をかけられ、私の心もすーと晴れやかになった。

第7章　『築城せよ！』を築城せよ

『平成職人の挑戦』が大学の授業に！

二〇〇五年六月、『平成職人の挑戦』が、青年向き、成人向き文部科学省特別選定（以下、文科省「特選」と表記）に選ばれると、教育関係者やマスコミ、各自治体の生涯学習課からの問い合わせが多くなった。

「文科省『特選』に選ばれるなんてすごいですね。いったいこの映画どんな内容ですか？」

文科省「選定」や「推薦」などの表記はよくあるが、「特選」となるとほとんど見かけない。どうやらこの年、文化記録映画部門で文科省「特選」に選ばれたのは、この作品一つだけだったらしい。言い換えれば、審査員のほぼ全員が満点に近い点数をつけたというのである。

驚いたのはその後の流れである。『風の絨毯』の劇場公開が約四十二館なのに対し、『平成職人の挑戦』は、北海道から北陸、東北、中部、四国、九州など、劇場公開も含め一年の間に八十カ所以上で上映会が行われたこと。改めて、文科省「特選」の威力を肌で感じ、映画製作に協力してくれたみなさんに深く感謝した。

愛知工業大学エクステンションセンター長で総合教育教室教授（現在は退職）の森豪先生

から、「『平成職人の挑戦』を授業で使用し、その後、講師としてお招きしたい」、と電話で申し出があったのはそんな頃だった。思いもかけない提案に、詳しい内容を聞くまでもなく即、快諾。

森先生は、実際お会いしてみると、工業大学の堅苦しい印象を与える教授というよりは、人間の心理を追求しながら会話をすすめるアイディアマン。歌手の森進一を少しシャープにして固めた感じで親しみやすかった。このときの出会いが、後々四作目の映画製作に繫がるのだから、人生は実に愉快で面白い。

愛知県豊田市に本部のある愛知工業大学は、一九一二年、日本の産業発展の原動力となった電気技術者を育成するため、大学の前身である名古屋電気学校から基礎を築き、昭和三十四年に工学系の単科大学として設立された。この大学、就職率は何と百パーセント。トヨタ自動車をはじめ東海地区の主要産業界に優秀な人材を送り続けている。

森先生は、総合教育科目に「ものづくり文化」を開講。毎週さまざまな分野のものづくりの専門家を講師に招き、生の「声」や「技」を授業にとりいれていた。

実際にトヨタ自動車やデンソー、日東電工、ブラザー工業など、東海地区を代表する企業の技術者が講義を受け持っていたから本物だ。

「ものづくりで大切なことは、ものをつくりながら人が育っていくということ。こういう映画を生徒に見せたかったんです。映像の力は大きいですよ」という森先生の言葉には力がこもっていた。

映画業界の人には大反対されたけど、職人の映画を作って本当に良かったと実感した。

二〇〇六年十月、新米映画プロデューサーとして初めて体験した大学の講義は、緊張して何を話していたのか全く覚えていない。最初は誰でも素人だから「覚悟」と「一生懸命」で何とかなると伝えたような気がする。ただし、映画を見ているときの生徒の目は食い入るように真剣だった。

「ものづくり文化」の講座はすこぶる好評。乾弘明監督も講師に招かれ、学生たちにがんがん刺激を与えていた。映画の中で設計・施工を担当した中田秋夫氏は、授業の一環として、学生たちと一緒になって祭屋台のミニチュアを制作。最後は生徒が泣きながら造っていたようだが、完成したときの喜びはひとしお。その作品は現在も愛知工業大学内のエクステンションセンターみらい工房に展示してある。

古波津監督と愛知工業大学の仲人をする

愛知工業大学での講義の感想などをまとめたレポートを読みながら、最近の若者の「夢」や「ものづくり」に関する思いを感じていた頃、大学開学五十周年を記念して何か企画を模索中という話を耳にした。

「学生と先生がみんなで参加でき、ものづくり教育五十年の集大成に、映画を作りましょう。映画は、無から有を生み出す究極の〝ものづくり〟です」。反射的に、森先生に電話していた。

「いきなり映画の提案をしても、今までの経緯からしてすんなり受け入れられるとは思えないので、私から学長はじめ関係者にじっくり説明してみましょう」

森先生も乗り気だったが、内心、一抹の不安を覚えていた。

映画『風の絨毯』の製作過程を知り、プロデューサーの話を聞きたいと古波津陽監督から連絡を受けたのは、ものづくり出張講義が終わった頃だった。

古波津陽監督は、監督といってもまだ駆け出しで、長編映画を撮ったことはなく、三百万円で製作したという自作の短編『築城せよ！』の劇場公開が可能かどうかアドバイスがほしいという相談だった。資金集めのノウハウも知りたいという。

約六十分の短編は、アメリカの短編国際映画祭で外国語映画賞を受賞した作品とはいえ、決して洗練されているとは言えない小品にすぎなかった。しかし、昔の侍の魂が現代に蘇って段ボールで城を造るという、その奇抜な発想とアートデザインに何かしら〝突出したもの〟を感じたのは確かだった。また、一緒に同行して来た仲間が爽やかだった。目がキラキラッと輝いて、古波津君をみんなで売り込み、お金がないけれど、熱意とチームワークで何とかしたいという意気込みが感じられた。

「彼らには映画作りに大切な要素が揃っている。シナリオを練り直し、お金をかけ、時間を長くすればもっと面白くなる」

「アイディアと熱意はあってもお金のない古波津監督チームと、開学五十周年の企画を探している愛知工業大学の仲人をすればいいんだ!」。そう思った私は、その場でこの短編をリメイクすることを約束してしまった。

しかし、現実には思っているほどトントン拍子に事は運ばなかった。

森先生が映画の企画を後藤泰之学長に最初に話した時、学長が受けた印象は、

「正直言って最初は乗り気ではなかった（笑）。単にお金と場所を提供して〝冠〟をつけるだけでは五十周年事業として物足りないと感じました」

実力も実績もある有名な監督が、冠だけつけて学生を手足に使い、実態は全て映画制作プロダクションが仕切っていたというケースが少なくない。それを学長も恐れていたのかもしれない。映画制作はチームワークが大切。現場の空気がそのまま映像に現れることは『風の絨毯』の撮影でも身にしみて感じていた。

お見合いをしたら、お互いの考え方や雰囲気などを知り合うデートの時間が必要で、それをクリアした上で結納をかわし結婚式をするとうまくいく。映画も同じようなもの、デートの機会を増やさなければお互いの意思疎通は進まない。

森先生が「ものづくり文化」講座に映画製作を組み入れ、その講師に古波津監督や辻健司撮影監督、脚本家の今井雅子さん、配給会社の松竹関係者などを招き、映画製作に向けての雰囲気作りのため理解を深める場を提供。その間、大学側関係者に対しては、根強い交渉を行っていた。

「映画の美術は大学の建築研究会で取り組めば、研究テーマにもなりませんか？」

「映画を通じての地域交流は、社会貢献にもなり、入学希望生徒も増えます」

「映画製作が話題になればマスコミが取り上げ、二億円以上の広告効果が見込まれます」

学内では、情報科学部情報科学科の鳥居一平准教授や工学部建築学科の尾形素臣教授、事務局長の三輪博美氏、総務部長の後藤尚之氏などの戦略的後方支援や、学生たちの「映画を作りたい！」の熱い声が渦を巻き、慎重派の理事会から後藤学長にも報告がいった。

「映画作品というのは、ものづくりの集大成、その制作現場に学生が参加できれば、生きた教育の場になると思い至るようになり、そこで、ものづくり・人づくり・地域づくりをテーマとして掲げ、映画製作に挑戦することを決意しました」

二〇〇七年二月、後藤泰之学長から、ついに、劇映画『築城せよ！』を「製作せよ！」の大号令が出た。

25メートルの段ボール城誕生！

いざ製作が始まると、戦国武将が壮大な夢を果たすべく現代人を巻き込む、という破天荒なファンタジーが、映画製作という厳しい現実にシンクロしてしまい、現実と夢の狭間で振り回されることになる。

古波津監督と森先生、名優三國連太郎さんから「彼の取材と編集能力は絶品です」と褒められた新米脚本家の浜頭仁史氏が加わって『築城せよ！』の脚本は一年かけて練り上げられた。湖のほとりの山城の設定で、遺跡発掘シーンや商店街を馬で駆け抜けるシーン、崩壊シーン、住民を巻き込むシーン、炎上シーン、結納シーン、屋根上のシーン、エキストラ千人のお祭シーン、甲冑隊攻防シーンなど、とても低予算映画とは思えない場面展開。

映画制作の現場監督をしているベテランのラインプロデューサーが換算した、宣伝費を抜いた総製作費は、少なく見積もっても十億円。開いた口がふさがらなかった。

「益田さん、長編劇映画が初めての新米監督にいきなり十億の映画は無理です。多く見積もっても一億五千万円の予算まで脚本を削りましょう」

予算組みは難航したが、ロケ地の中心になる豊田市が撮影現場までの道路整備をしてくれたり、段ボールの城にＣＧを応用し、劇中の市庁舎は大学の校舎を使う、体育館の中にセットを組むなど、他方面にわたる協力と工夫をした。これなら予算内でいけるだろうと調整し、クランクイン三か月前に、メインビジュアルとなる段ボールの城づくりをスタートさせた。

古波津監督から何かにとりつかれたような面持ちで相談を持ちかけられたのは、その直後だった。
「段ボールで城を作る部分、ＣＧではなく、城の建材一つ一つを段ボールで作り、本建築と同じような組み立てで実際に25メートルの城を作りたい。美術監督の磯見さんと愛知工業大学の力があれば可能なんです」

相談というよりは、やんわりした脅しに近かった。

美術監督の磯見俊裕氏は、美術界のジョニー・デップ、材木を扱わせたら誰もかなわない。人間離れした風貌と職人の統率力は並みのものではなかった。『血と骨』（崔洋一監督）で日本アカデミー賞優秀美術賞を受賞したほか、数々の作品で美術賞を受賞している重鎮である。その磯見さんが、「あの子たち（愛知工業大学美術班）は、心構えができている。責任感とハングリーさはしっかり持っている。実際の城づくりの様子を映画に出そう」と太鼓判をおし、勢いに乗っていた。

学生たちは、自主的に高さ4メートルの段ボール城を試作して強度実験し、実際の高さ25メートルの段ボール城の構造計算まで行っていた。つまり、建築や工学のスペシャリストの卵たちと、映画美術のプロが、それぞれの知恵を出し合って実際の段ボール城を建てる、という挑戦でもある。「何事にも意欲的かつ積極的に取り組むチャレンジ精神」をモットーに掲げる愛知工業大学、段ボール城は〝ものづくり〟教育の一環、今回のテーマは、「ものづくりから人づくり」。
最終的には、エクゼクティブプロデューサーでもある後藤学長の許可を得て前進した。

実際に25メートルの段ボール城を建てるには、映画の美術セットでは構造学的に限界がある。本格的な基礎工事をしないと上段の建物が揺らいで途中で倒壊する恐れがある。そこは後藤学長がひと肌脱いでくれた。大手ゼネコンの清水建設名古屋支店に後藤学長自ら出向き、支店長と直談判

段ボール城の前で演ずる片岡愛之助

し、基礎工事の協力合意を取り付けてくれた。

劇映画『築城せよ！』は、映画の撮影とともに城が出来上がり、城の出来具合に沿って撮影が進んでいった。毎日出来上がる城の姿に、役者の演技にも力が入る。

「すげー、これ本当に段ボール？」

「どこまで大きくなるの？」

「台風が接近しているけど雨や風はだいじょうぶなの？」

現場スタッフは連日城の話題で盛り上がり、主演の片岡愛之助さんは自身の持つ新聞のコラムに「撮影現場に出現した巨大段ボール城」を紹介。阿藤快さんもラジオでその模様を放送、地元中日新聞はカラーで大きく段ボール城づくりを特集した。さらに名古屋テレビのワイド番組に、ヒロインの海老瀬はなちゃんや町長役の江守徹さん、准教授役の藤田朋子さんらが出演し映画をPR、NHKのニュース特集では愛知工業大学の学生たちが取り組む「段ボールで城づくり」が放送されると、話題は一気に過熱して、『築城せよ！』は完成前から映画界でも注目の劇映画となり始めた。

二〇〇八年十月、愛知県豊田市の猿投公園に、犬山城より大きな実寸大の段ボール城「猿投城」が完成した。高さは25メートル。使用した段ボール箱は一万二千個、学生たちが地域の商店街から段ボール箱をかき集め、柱の部分は日本最大の段ボール会社レンゴーが、豊橋工場から自社のトラックで大量の段ボール原紙を提供、城の組み立ては、京都から本物の宮大工が応援に駆けつけ、城の土台となる基礎工事はゼネコン大手の清水建設が助けてくれた。完成した「猿投城」は、陽光が射すと、段ボールが黄金色に変化して見る者を圧倒した。しかし、予算組を度外視したこの無謀な挑戦が、その後の資金繰りを圧迫することになる。

落城寸前に現れた助っ人

二〇〇九年一月、資金不足で「落城寸前」となっていた映画『築城せよ！』に資金を投入し、助け船を出してくれた、小松電機産業代表取締役小松昭夫社長ご夫妻と幸運な出会いがあった。

その出会いを繋いでくれたのが、三作目となるドキュメンタリー映画『蘇る玉虫厨子』である。

小松社長は、島根県出身、本社のある松江市では〝かなり変わった笑顔の哲人〟として慕われ、地方ベンチャー企業の雄として一目置かれる存在。無借金経営で株や不動産投資には手を出さない。将来を見据えた新規事業には独自の哲学とカリスマ性を発揮するアイディアマンだ。

小松ご夫妻に『築城せよ！』の支援をお願いしたのは、銀座テアトルで『蘇る玉虫厨子』を鑑賞していただいた直後の成り行きだった。人の出会いとドキュメンタリー映画が伝える「映像の力」には、次の次元へ繋ぐエネルギーがあることを感じた。

故三國連太郎さん主演の劇映画『北辰斜にさすところ』（二〇〇七年・神山征二郎監督）の上映を支援したのが縁で、大阪で出会った弁護士廣田稔氏と鈴木トシ子さんにも「落城」寸前で大いに助けられた。（その後、廣田先生と鈴木トシ子さんは故三浦春馬主演の『天外者』を製作）

廣田先生は、既存の映画業界の在り方に疑問を抱き、「物欲にとらわれない思いやりの心を持った精神性を養い、自分たちが世の中をよくして行こう」という意識を、世代を越えて多くの人々と語り合おうという思いから、旧制高校時代の劇映画『北辰斜にさすところ』（後述の作品紹介参照）を製作。プロデューサーとして映画製作の現場の苦しさや楽しさを共有できる同志といっても過言ではない。

『北辰斜にさすところ』のビデオグラムの打ち合わせをしているとき、気落ちした私の表情から『築城せよ！』の窮状を察し、「文化創造に寄与することが美しい生き方である」と、心のいっぱいこもった資金援助と上映支援をいただいた。改めて、廣田先生と鈴木トシ子さんを紹介してくれた三國連太郎さんの不思議な「力」に感じいった。

二〇〇九年六月二十日『築城せよ！』は、名古屋駅前のミッドランドスクエアやMOVIX三好、新宿ピカデリーなど理想の映画館で封切られた。同時期に公開された大手映画会社の作品に比べ宣伝費が少なく夏の大作が控えているため満足いく興行はできなかったが、それでも口コミで話題が広がり同劇場やテアトル系の劇場で上映され、

三國連太郎氏には幾度となく助けてもらった

その後の地方上映や資金回収の礎を築いた。

その背景には、出資会社である古川書房がコミックで先行し、名古屋テレビが特番を組んでＰＲ、太陽企画が採算を度外視したＣＧ／ＶＦＸ制作を引き受け、アミューズの協力で多和田えみちゃんの主題歌『時の空』が誕生し、イーネット・フロンティア（その後、親会社であるゲオに統合）が、ゲオグループの店舗を活用した特別ＰＲをする等々、その後のＤＶＤ販売やＴＶ販売へうまく繋げられるという一連の計画があったからこそである。

片岡愛之助と阿藤快

『築城せよ！』で一人二役を演じた片岡愛之助さんは、撮影当時は、知名度はそこそこで、スケジュールもギャラも素人プロデューサーでも交渉可能だったが、今では、大ブレイク！！日本を代表する俳優になった。同じく一人二役演じた阿藤快さんは、二〇一五年十一月十四日、ご自身の誕生日に他界。阿藤快さんとは、その後も平成プロジェクト制作の劇映画二本『瀬戸内海賊物語』と『シネマの天使』に出演いただき、『阿藤快と女子プロの快的ゴルフ』（山陽放送他）やイベントでもご活躍。この場をかりてご冥福をお祈りいたします。

劇場公開から十一年、十二年と経過しても、各地で上映されＴＶ放送されている。その理由は二つあり、一つは『築城せよ！』は、地域活性映画として城がある市町村からイベント上映のお声がかかり、段ボール城とともに日本を元気にしていること。二つ目は、主演の片岡愛之助さんが大ブレイクしたことが大きな要因だ。

『築城せよ！』の阿藤快（左）と片岡愛之助

第8章

人生は玉虫色が面白い

法隆寺の国宝「玉虫厨子」平成に蘇る

奈良県生駒郡斑鳩町「法隆寺」。ここに、飛鳥時代に推古天皇がご自身の宮殿において拝んでいたとされる国宝指定の「玉虫厨子」がある。

この「玉虫厨子」は、日本の歴史上最古の工芸品といわれる傑作で、建立された当時は柱などに玉虫の羽根が施され、玉虫色に光り輝く仏具であったという。しかし、およそ千三百年の歳月は、かつての輝きと色彩を失わせてしまった。

二〇〇二年の春、中田金太氏と、設計の中田秋夫、宮大工八野明、蒔絵師立野敏昭、飾金具師森本安之助ら各氏が法隆寺を訪れ、ガラス越しに、「玉虫厨子」を見た。

初めて見たときの彼らの印象は、「歳月が経たことによる輝きの弱さ」であった。いくら万全の態勢で保護しようとも、「このままでは黒い塊のように崩れていってしまう」。そうなってしまう前に、「平成の玉虫厨子」を造りたい。「かつての輝きを参拝者に見てもらいたい」「途絶えかけている伝統の技を、国宝に挑むことで次世代に繋げたい」

二〇〇四年春、「玉虫厨子復元プロジェクト」が立ち上がった。法隆寺サイドとの念入りな打ち合わせを済ませ、難航した図面が完成した。作業は、中田秋夫を中心とする平成職人と、その昔の職人衆とが、時空を超えて「対話」しながら囁き合うように進められていく。

飛鳥文化の「粋」をこの平成の世に具現化する作業は困難を極めた。古来より「玉虫厨子」の装飾は謎が多い。「玉虫厨子」の正しい古文書がない。正確な図面がない。絵柄の多くがほとんど消えかけて見えない。何のために「玉虫」が使われたのか、明確な答えがない。

神宮式年遷宮は、伊勢神宮が二十年に一度、正殿と御垣内の建物すべてを新造し、神儀を新宮へ遷しかえるというお祭。その奥には、伝統工芸の優れた技術を守り伝えるという重要な役割

平成に蘇った玉虫厨子

が託されている。飛鳥文化の集大成といわれる「玉虫厨子」を平成の世に復元するということにも、式年遷宮と同じような意味合いがあるのではないか。
二〇〇八年三月一日、平成の世に蘇った復元版「玉虫厨子」と、現在の新技術で復元された「平成の玉虫厨子」の二基は、法隆寺にて法要が行われた。そのうち復元版は法隆寺にそのまま安置され、その後に行われた「秘宝展」にて三基（国宝玉虫厨子・復元版玉虫厨子・平成の玉虫厨子）一緒に一般公開され、NHKをはじめ主要新聞各社でも大変な話題となった。

二〇〇八年三月に完成した、ドキュメンタリー映画『蘇る玉虫厨子』は、「玉虫厨子」の復元と「平成の玉虫厨子」が完成するまでの記録映画だ。現代と過去の職人たちの時空を超えた「技」と「心」の交流が見る人の涙をさそう部分もある。今回は語りだけでなく出演もしていただいた三國連太郎さんも、中田金太さんの葬儀の場面では感情が入りすぎたのか涙声になった。監督は、『平成職人の挑戦』と同じ乾弘明監督、オリジナルのテーマ音楽は、二〇〇六年クー・ド・ヴァン（フランス）国際吹奏楽作曲コンクールで初めて日本人でグランプリを受賞した真島俊夫氏（二〇一六年他界）にお願いした。真島氏は、ときどき事務所代わりに使用していた霞ヶ関の中日新聞社ビルにある会員制のレストラン「シーボニアメンズクラブ」田邊勉社長の紹介で知り合い意気投合。ワインが大好きでフランス仕込みのウイットに富んだ会話が魅力的な藤村俊二といった感じだが、音楽センスは天才的である。

「真島さんの音楽に魅せられて心がなごみました」

「音楽が特に素晴らしい」

といった感想も多く、映画には音楽が欠かせない要素であることを肌で感じた。幸運にも、この作品も『平成職人の挑戦』に続き、文部科学省「特別選定」に選ばれた。

教科書にも載っている「玉虫厨子」とはいったいどのようにしてつくられたのだろうか？という興味もあったのだろう。学校関係者からの問い合わせが多く、マスコミでの大々的なニュースも引き金となり、名古屋の名演小劇場や東京のテアトル銀座で無事、劇場公開となった。

「職人のドキュメンタリー映画なんて誰も劇場に観に来ませんよ、益田さん」

映画業界の大先輩に忠告された言葉が浮かんできたが、名演小劇場は連日満員。立ち見でも入りきらず追加上映が決まった。世の中が偽装食品で騒がれている時期だったので、本物を求める人間の感性を呼び起こしたのかもしれない。

劇場の支配人からの報告によれば、高齢者の方々が連日涙を流しているらしいのだ。映画は、見る人の環境やおかれた立場によって感じ方も違うことを痛感した。

高山の恩人中田金太さんの遺言

作業に着手してから約五年、「玉虫厨子」完成には、多額の費用が費やされた。その資金を支えたのは、国でも県でも市でもない。一市井の人、中田金太氏であった。中田氏は、丁稚から身をおこし、伝統文化の継承に私財を投じた飛騨高山の事業家。映画『風の絨毯』でも、ドキュメンタリー映画『平成職人の挑戦』でも御世話になった。しかし、今はいない。『平成の玉虫厨子』完成の日を迎えることなく、二〇〇七年六月一日、癌のため他界した。

金太さんは、初対面の人でも地位や身分に関係なく、誰とでも気軽に挨拶された。そのチョットした時間に、相手の顔を見ながら、ユーモアたっぷりの言葉を残している。その言葉が、相手を和ませ、時には相手を怒らせることもあった。

忘れられない金太さんの言葉がある。

アメリカで起きた同時多発テロの影響で『風の絨毯』のクランクインが遅れ、映画の完成が危ぶまれたときのこと。このままお蔵入りになったら借金だけが残るんだろうかと落ち込んでいた私に、金太さんはこう言って励ましてくれた。

「人間は誰でも運が悪かったり、つまずくときがあるけれど、それは恥ずかしいことでも怖いことでもない。つまずいたときに起き上がれないことが恥ずかしいことなんや。映画を作りたいという意思さえしっかり持っていれば、いつかは完成する」

　気持ちさえあれば、道は拓ける。幼少から何度つまずいてもたくましく起き上がってきた金太さんの言葉には説得力があった。以来、「もうダメだ」とくじけそうになったときにはこの言葉を思い出し、力をもらっている。

　また、映像コンテンツ製作や展示会・イ

高山の事業家　中田金太さん（左）と著者

ベントを企画する会社「平成プロジェクト」が軌道に乗り始めたとき、「本当のことを言ってくれる友達は大事にしなさいよ。人間は本来みんないい人だと思うけれど、愛憎やお金が絡んだりすると、まわりの人や環境がその人間を変えてしまうことが多いから。あんたさんも気をつけなさい」と金太流の言い方で、エールを送ってくれた。そのときのえびす顔のような笑顔が今も脳裏に焼きついている。

金太さんが亡くなる三か月前のこと、入院先の東京・聖路加国際病院で、こんな質問をした。「平成の玉虫厨子が完成したら、誰に一番先に見てもらいたいですか？」「まず国会議事堂にもっていって、政治家のみなさん、毎日毎日ご苦労さまでございます。玉虫色発言という言葉がありますが、これが本当の〝玉虫色〟です、と言ってみたい。あんたさん、できるかな？」。金太さんは悪戯っぽく、ニコッと微笑んだ。

やってやれないことはない。その頃私は、『平成職人の挑戦』が経済産業省で部内上映され多方面に影響を与えたという縁で、経済産業省主催「第二回ものづくり大賞」の審査委員をしていた。早速、経済産業省から内閣府等の関係者などにも連絡をとり、「国会議事堂の中に、蘇った玉虫厨子を展示したい」と提案した。

数日後関係者から返事がきた。

「益田さん、説明しにくいことがいろいろあってすぐには無理ですね」。予想はしていたが、仕方がないと諦めたところに、思わぬ申し出が飛び込んできた。その年の七月七日に開催される先進国首脳会議「洞爺湖サミット」で、「平成の玉虫厨子」を展示して、世界の要人に、ものづくりの国・日本の新しい技術と伝統美を堪能してもらおう、というのである。

〝玉虫色〟発言は、日本の政治家のものだけでない。世界の政治家に〝玉虫色〟を知ってもらうには絶好のチャンス。しかも、同じ会場で、英語字幕付きの記録映画『蘇る玉虫厨子』が公式上映されるというから嬉しい限りである。モノをつくる過程を知ると完成したモノの見方が違う。古来より玉虫は縁起の良い虫として重宝されていたが、玉虫が運んできた〝幸運〟に改めて深く感謝した。

「平成の大旦那」と呼ばれた中田金太さんの最後の遺言は、苦労を共にしてきた最愛の妻・中田秀子さんへの思い、

「かあちゃんを頼む」だった。

玉虫色が縁起を担ぐ

ドキュメンタリー映画『蘇る玉虫厨子』は、名演小劇場やテアトル銀座をはじめ、京都シネマや梅田ガーデンシネマなどの劇場のほか、新潟県立歴史博物館や沖縄県立博物館・美術館など五十か所以上の会場で上映会が行われた。

その会場に出向くと、映画を見た人から直接感想をもらい、一瞬その人の人生観を垣間見ることができる。次の映画のテーマや玉虫色人脈に繋がることも多い。

色彩や色調の分野で使われている「玉虫色」は、特定の色ではなく、玉虫の羽のように光線の具合で金緑から金紫の色調変化をするすべての色を指す。それゆえに、見方や立場によって都合良く解釈できるあいまいな表現の慣用句としても用いられている。

文化シヤッター本社内にあるＢＸホールの小屋主で、亀グッズの収集では「世界一」の異名をもつ「亀ちゃん」こと亀谷晋氏には、上映会の会場提供で特にお世話になった。ＢＸホールは便利で居心地が良く、小規模の上映会には最適。上映後の懇親会ができるホワイエが広く設備が整っているため、お客様には大変喜ばれる。亀ちゃんは、人身掌握が実にうまい。社長を十年間務め業績がグンとアップしたところできっぱり退任。人間社会でのコミュニケーションの大切さをやんわり教えてくれる。亀谷さんが亀なら私は兎。亀のまわりをぴょんぴょんはねながらメセナ支援をもらったり、いろんな人を紹介してもらった。

『蘇る玉虫厨子』の映画を見ると、「ひと目、実物を見たい！」と思う人が多いようだ。作品のできる過程を知ることにより、完成した作品の見方が違ってくる。

二〇〇八年十二月、洞爺湖サミットに続き、国立科学博物館日本館でも、『蘇る技と美玉虫厨子』展が開催された。

国立科学博物館の展示ともなれば、二年前から綿密な計画と予算がきまり準備万端整えて、行われるのだが、『蘇る玉虫厨子』展が決まったのは、なんと開催二か月前。普通の展覧会の常識ではありえない。その不可能を可能にしたのは、弁護士の金住則行先生と国立科学博物館の鈴木一義先生、林原健氏（二〇二〇年他界）の超人的な直感と運、決断力の賜物だ。

金住先生は、白い髭がトレードマーク。「第三の人生を生きる」と題する講演を聞いているうちに、金住先生がまるで平成の玉虫厨子から現れた白髭の孫悟空に見えてきた。六十八歳になり弁護士業もぼちぼち引退し、いつ訪れるかわからない死にむかって「困った人を助ける、能力のある人を応援する、愛の輪を世界に繋げる」という目標のもとに、第三の人生を楽しく歩もうと思っていた矢先の出会いだった。国立科学博物館での展示は、まさにこの目標にぴったりのワクワクするテーマだったようだ。

鈴木一義先生は、経済産業省の「ものづくり大賞」審査委員で繋がり、科学的・芸術的・歴史的要素をバランス良く組み入れた展示を、驚くべきスピードでまとめ具現化する天才だ。鈴木先生の人的ネットワークと豊富な知識に触れ、本物の「プロの技」を垣間見た。裏方ができるからこそ、展示で人を感動させられる。鈴木先生のチームで制作した展示の空間は、神秘的な光と余韻を醸し出し、見るものを圧倒した。

国立科学博物館での展示制作費用が足りず、助け船を出してくれた㈱林原（当時）の故林原健社長との出会いも〝玉虫色〟だった。法隆寺の国宝「玉虫厨子」が復元されたニュースに触れて、『蘇る玉虫厨子』のＤＶＤをお送りした縁で、林原健氏にお会いして食事をした。そのときの第一印象は、不思議な波動につつまれた霊能力者。

林原グループ（林原は倒産し現在は長瀬産業）は、「インターフェロン」などに代表される医薬品の素材開発から、倉庫業、アメニティ業務などさまざまな分野で事業を展開。「トレハロース」の研究開発では、第二回「ものづくり日本大賞経済産業大臣賞」を受賞している。

私が特に興味を持ったのは、林原氏の備中漆復興事業である。漆は古くから日本で使われてきた天然の塗料で、塗り重ねることにより素材を強固にし、ヨーロッパでは、「JAPAN」は、日本の漆を示す用語となっている。蘇った玉虫厨子にも漆がたくさん使用されており、一番費用が嵩んだ部分でもあるようだ。

「日本の漆工芸品は、今やほとんど中国漆に頼っています。透明度の良さでは秀でている岡山の備中漆も途絶えようとしていました。そこで、備中漆の漆木を育て、漆掻きの後継者を養成し、日本の伝統文化を守っていくことを目的に、岡山県郷土文化財団とともに備中漆復興事業を始めました」

玉虫厨子の復元にあたり、蒔絵師の立野さんから中国産の漆に比べ日本産の漆がいかに繊細で質が良いものかということを毎回聞かされていたので、林原の活動には思わず大拍手。その熱い思いは、二〇一〇年二月、西日本で初めて開催された林原美術館（当時）での『平成の玉虫厨子』展実現に繋がった。

日韓合作『海峡をつなぐ光』と『李藝』

二〇〇九年二月、韓国の蔚山MBC放送局のパク・ジュニョンプロデューサーから、一通の手紙と蔚山MBC制作のTV番組『千年不死の光、一五〇〇年ぶりに復活』のDVDが送られてきた。手紙の内容は、『蘇る玉虫厨子』の感想と、「玉虫」をテーマに日韓合作ドキュメンタリー映像を製作したいという提案だった。

日本で玉虫厨子が復元されている頃、偶然にも海峡を渡ったお隣の国、韓国でも玉虫を使用した工芸品が復元されていたのである。

韓国の古墳、皇南大塚（新羅時代・およそ一五〇〇年前）から、玉虫厨子と同じように玉虫の羽根で装飾された「玉虫装飾馬具」が出土した。韓国で玉虫の羽根はほとんど手に入らない。玉虫の羽根さえ手に入れば「玉虫装飾馬具」は復元できるのだが、と復元チームは頭を抱えていた。

二〇〇六年三月、玉虫の飼育に第三の人生をかけた〝玉虫博士〟こと静岡県藤枝市在住の芦澤七郎さんが、馬具の複製に必要な玉虫を韓国側に三千匹寄贈した。これにより、ウルサンMBCテレビと慶州博物館が中心となって、その一部が複製され、慶州博物館に展示。日韓で成し遂げた成果として韓国内では大きなニュースとなったようだ。同時に放送されたTV番組『千年不死の光、一五〇〇年ぶりの復活』は、古代の玉虫装飾の美しさとその歴史的価値が認められ、多くの賞を受賞。二〇〇八年春にはその反響もあり、「玉虫」が韓国で天然記念物として認定され、韓国南部の都市巨済市では、玉虫の人口繁殖が始まった。

日本の玉虫厨子は、玉虫馬具よりも後に造られているため、新羅の影響のもとに造られたという説もある。飛鳥時代、聖徳太子は仏教の三宝（仏・法・僧）の興隆に熱心であり、技術や文化の大きな発展を促した。そんな中、高句麗、百済、新羅から渡来したさまざまな技術を持った人物たちは日本へ文化技術を伝え、社寺建築や仏教美術に大きな影響を与えた。「玉虫馬具」と「玉虫厨子」、時を同じくして復元された二つの国の二つの玉虫装飾品。それが映像を通じて繋がっている。目に見えない、天からの使命のような波動を感じた。

文明も文化も現代の繁栄も、過去の失敗から学んだからこそ、今がある。一五〇〇年もの昔、海峡をつなぐ光として輝いた〝玉虫色〟の装飾品は現代の私たちに何を語ろうとしているのか。日韓の歴史ミステリーを繙きながら、新たな人間力を表現できるドキュメンタリーを作ろう。「天の声」は、乾監督や双方の職人たちにも聞こえたようだ。

二〇一〇年二月、日韓合作ドキュメンタリー映画『海峡をつなぐ光』の製作がスタートした。最初の映画製作がイランとの合作だったこともあり、合作映画の問題点や交渉・契約の仕方などは心得ていた。

プロデューサーとして大切なことは、契約を結び人選をして出口を見つけお金を集めること。撮影は双方で行い、監督は調整能力と構成力に優れた日本の乾弘明監督。タイトルの題字は、日韓文化交流に関わりの深い書画家・小林芙蓉先生にお願いした。経費は双方折半で出口は双方の国が権利を持つ。世界に売れたら利益も折半。

資金面では、前作に続いて大和ハウス工業と日本サムスン（当時）が応援団に加わってくれたので、比較的安定した精神状態で撮影に臨むことができた。韓国の撮影では、サムスン社会奉仕団社長（現サムスン社長・会長）李昌烈氏の助言が強く心に残った。

「日本と韓国、両国の置かれている環境は似ています。日本の人口はすでに減少し、韓国もいずれ減少に転じます。つまり、これから将来小国化する可能性がある。こういう時期こそ両国が手を組むべきです。

国と国ではなく、個人対個人の関係で考えると、我々はもともと非常に相性が良いのです。言葉は異なりますが漢字はおなじです。習慣も共通するところがあり、欧米人などと組むよりやりやすい。日本人は何事もしっかりと確かめながら進めますが、韓国人は『パリパリ（早く早く）』という言葉がすきでせっかちです。この性格の違いは補いあうとちょうど良い。だから、両国の企業が垣根を越えて企画をし、例えば営業は韓国人、製造は日本人という役割分担（どちらでも競争力がある分野）をして世界の市場で競争すれば存在感が出せます。これからは双方にプラスになることを自然の流れでやっていけばいいと思います」

李社長の祖先は、室町時代に朝鮮王朝から外交官として日本に派遣された朝鮮通信使の「李藝」。李藝は、捕虜となった同胞を日本各地で探して帰国させたほか、両国の文化交流にも深く関

ソウルの李藝の像の前の著者

わり、対馬と朝鮮との交易に関する条約の締結に実務者としても関わっていたという。その血脈が李社長を通じて現代に蘇っているような錯覚を覚えた。サムスンが世界企業となる原動力となり、日本サムスンの社長を六年間務めた実績からくる言葉の「力」は、私の琴線に触れていた。

韓国人俳優ユン・テヨンと出会う

日本と韓国の、長い歴史に埋もれていた一人の外交官 李藝。

今から約六〇〇年前、母親を倭寇に拉致された少年は、朝鮮王朝を代表する外交官へと成長する。いかにして憎しみを友好の情に変え、日朝友好に生涯をかけたのか？ 韓国人俳優ユン・テヨンが、李藝の軌跡をたどり釜山から京都まで旅する。そこで出会ったのは、目の前の相手と心を通わせたいと願う人びとの姿。日本人と韓国人が共に前へ進むために、劇中ドラマも交えた渾身のドキュメンタリー『李藝～最初の朝鮮通信使』は作られた。

韓国の俳優ユン・テヨンは、一九七四年ソウル生まれ。身長一八五cm、米イリノイ大学卒業の秀才でスポーツ万能。趣味はコンピューター。韓国を代表する大企業サムスン電子代表取締役副会長の長男として生まれ父の仕事の関係で五歳から七歳までの間、東京に住んでいた。当初、父と同じ道を進むべくアメリカ留学までしたが、俳優になる夢をあきらめきれず、家族の反対を押し切って芸能界に入り、タレントのマネージャーから始めて、一九九七年のテレビドラマ『美しい彼女』で俳優デビュー。主人公イ・ビョンホンが対戦するボクシング選手役だった。一九九九年、テレビドラマ『ワンチョ』のメンバル役で名が知られるようになり、同年『ワンチョ』での演技が評価され、第三十六回白象芸術大賞新人演技賞を受賞する。二〇〇七年、ＭＢＳドラマ『太王四神記』でヨン様が演じる主人公・タムドクと敵対するヨン・ホゲ役

ユン・テヨン

を好演し、一躍日本でも人気俳優となっている。今でこそ人気は静まっているが、映画の撮影当時は、各地でおばさま達に驚かれ、「キャー、ユン・テヨンや！」と憧れの眼差をうけ、オーラは全開。品もよく、サービス心旺盛で、ウイットに富んだジョークを連発して撮影現場を和ませてくれた。しかし、自分の演技に納得がいかないと、乾監督ととことん議論する。

ユン・テヨンは、この映画への出演を決めてから、東京で日本語を三か月猛勉強して撮影に臨んでいる。李藝についても研究熱心で、きちんとした自身の哲学をもってナビゲーターを引き受けてくれた。

「李藝は、六〇〇年も前に大変な思いをして日本に渡り、終生、韓日のために尽くしたのです。それを六〇〇年後の私たちが知って感じることがあるのなら、私たちも目の前の問題にとらわれるだけでなく、六〇〇年後の韓国と日本の関係はどうなっているんだろう、と想像してみるといいと思うのです。未来の子供たちのために、今現在、自分には何ができるのか、ということです」

第9章

映画プロデューサーはやめられない

脚本募集と『瀬戸内海賊物語』

日本国内には、映画祭の規模を問わなければ五〇〇以上の映画祭が存在するといわれている。その中でも、広く一般から脚本を募集し、正しく審査し、最優秀賞を受賞した脚本を実際に映画化し、配給を決め、全国二十館以上で劇場公開するというケースはほとんどない。

二〇一一年夏、「瀬戸内国際こども映画祭」の総合プロデューサーに就任し、映画祭を運営することの難しさに直面した。この映画祭の目玉企画は、脚本募集。グランプリを受賞した作品を映画化し、世に出すこと。「小さく生んで大きく育てる」がモットーだ。六作目に手掛けた映画『瀬戸内海賊物語』は、まさに、その脚本募集から生まれた劇映画だった。

戦国時代、織田信長を撃退し、天下人・豊臣秀吉にも与することなく、瀬戸内海で活躍した海賊衆「村上水軍」。その大海賊が隠したとされる埋蔵金伝説を解き明かし、愛する島の生命線であるフェリーの存続のため、度重なる難局を仲間との絆で乗り越えていく子供たちの熱き想いが描かれる。歴史と冒険ドラマを巧みに織り込み、大人も子供も夢中にさせる本格アドベンチャー映画だ。舞台の中心は、映画『二十四の瞳』で有名な香川県小豆島と、村上水軍の本拠地である愛媛県今治市と新居浜市ぞいの瀬戸内海。

脚本では、激しい潮流の中で奮闘する子供たちや、戦国時代の村上水軍の船上での合戦シーン、フェリーの就航シーン、洞窟での宝探しのシーンなど、大掛かりなセットやＣＧ映像、野外撮影の多さ、ロケ隊の規模から、製作費は軽く見積もっても五億は超えていた。審査員を含む映画祭実行委員会の関係者からは、「長編劇映画では、〝新人〟に近い無名の監督に五億の製作費はありえない」、「無謀すぎる」、「中止にすべきだ」、との声が相次いだ。

しかし、なぜかその「無謀すぎる」挑戦に心が傾いた。イランとの映画製作に比べれば、四国は距離的に近いし、日本語は通じる。テロの心配もない。グランプリを受賞した大森研一監督は、愛媛県出身で土地感

『瀬戸内海賊物語』に出てくるとんがり山

があり体力もありそうだ。賭けてみよう！

実行委員会の先生方には、「五億は無謀すぎるので、三億前後まで製作費を落とし、大森研一監督で製作します」と公表してしまった。

時には無茶せんと、夢も希望もない！

村上海賊の末裔、主人公・かえで役には、千人を超す応募者を集めたオーディションで選ばれ、本作が初主演映画となる柴田杏花。同級生役に伊澤柾樹、葵わかな（その後、NHK連続テレビ小説『わろてんか』のヒロインに）、大前喬一。子供たちを支える島の大人たちに、内藤剛志、小泉孝太郎、中村玉緒、石田えり、阿藤快、小豆島出身の石倉三郎、西岡徳馬などの豪華俳優陣が集結した。子供たちの純粋な想いと、大人たちの葛藤が交錯しながら、本当の宝物は何かを問いかけていく。

「時には無茶せんと、そこには夢も希望もない！」と冒険に突き進む、主人公かえでの言葉が大好きだ。政治家も事業家も無茶する大人が少なくなっている今の時代、現実は、無茶する大人が世の中を変えているのでは？

子供たちは、財宝を手に入れるため、泣いたり、笑ったり、大人社会を垣間見ながら教科書が教えてくれない歴史的事実を学び、成長していく。生活が豊かになり「冒険」という言葉を忘れかけた現代人に「知恵」を投げかける。おりしも、その年（二〇一四年）の本屋大賞は、『村上海賊の娘』（和田竜著　新潮社）が大賞を受賞。配給は松竹に決まり映画公開は追い風だ。村上水軍の子孫である、今治市出身の村上誠一郎先生や、今治造船の桧垣俊幸会長、新居浜の白石徹（二〇一七年他界）先生、広島県因島の村上水軍末裔、小豆島の塩田幸雄町長（当時）、前土佐町岡田好平町長（当時）、香川県観光協会梅原利之前会長等々、実に多くのみな様に迷惑をかけながら資金調達や劇場公開等に協力してもらい、感謝の心でいっぱいだった。本当の「宝」とは何なのか？　と、自分自身に問いかける作品でもあった。

映画館から生まれた『シネマの天使』

二〇一五年春、故郷岐阜県高山市の市役所に勤めている同級生から一本の電話があった。「高山の旭座が、この夏で閉館することになった。文化都市を標榜する高山市内に、映画館がなくなるのは非常に寂しい、何とかならんもんかな?」という相談である。学生のころ、恋人と映画を見に行ったり、家族で映画をみて笑ったり泣いたりしたのも高山旭座だった。最初に制作した映画『風の絨毯』のラッシュを見たのも旭座。高山旭座の牛丸支配人には、いろいろお世話になった、その映画館がなくなるとは、何とも言えない虚無感と寂しさ、時代の流れを痛切に感じた。

数日後、広島の映画館運営会社株式会社フューレックの酒井一志さんから、この夏閉館する「シネフク大黒座」のドキュメンタリー映画のような記録を残しておきたいけれど、ご協力いただけないかというメールがきた。非常に控えめな表現だったが、その言葉の奥には、深い悲しみと何か心に訴えかけるような強い意志を感じた。

「昔は上映後に必ず拍手がおこり、最盛期の一九六〇年代は年間約四十万人を動員、深夜まで一日七回上映したこともありました。大黒座の物語を通じて、観客みなさんが持つそれぞれの映画館との記憶を思い出していただけると嬉しいです。時代が変わる中で、何かがなくなってしまうのは仕方がないことかもしれません。でも、その消えゆくものを見つめることで、何が大切だったのかを改めて知ることができるのではないかと思います」

酒井さんにそういわれたとき脳裏に浮かんだのが、『瀬戸内海賊物語』の配給でお世話になった松竹株式会社の大角正常務取締役（当時）の言葉である。

「映画は、その人の作ろうという強い意志があることが大切やで。映画は人生の墓場や、その人が亡くなっても映画の中では、いろいろ残るんやで」

フューレックは、映画館の運営だけでなく、最新のＤＣＰでの移動上映も積極的に行っている。『瀬戸内海賊物語』では、広島の因島や三原、東広島などでのホール上映を一緒に楽しみながら成功させた思い出が蘇る。聞けば、シネフク大黒座は、日本で最も古い映画館。取り壊しが決まった劇場の雄姿を何とか映像に残したい。劇場関係者の熱い思いに、広島在住の映画監督時川英之が共鳴し、美術監督は、日本の第一人者である部谷京子さんが受けてくれるという。翌日、酒井さんがシノプシスを送ってきた。「やるしかないな～」そう思った時には、すでに広島の有力者の数名に、出資のお願いの電話をかけていた。

最初に頭に浮かんだのは、『瀬戸内海賊物語』の広島県内の興行と前売チケット販売等で大変お世話になった、大和ハウス工業株式会社執行役員広島支社長中国四国ブロック長（当時）土谷勝氏。勝海舟とトムクルーズを合体したような風貌で人望があり趣旨に賛同してもらえればエネルギーが爆発する。土谷支社長を通じて、株式会社中国放送の青木暢之社長（当時）と仙田信吾常務（当時）をご紹介いただき、出資に加わってもらった。また、土谷支社長と公私にわたり繋がりが深い、島屋の吉貴隆人代表取締役と吉貴康二会長は親子で出資参加となった。愛犬家で親分肌の株式会社商業開発の吉本周一代表は、逼迫した状況を察してか出資金を現金でもってきてくれた。さらに日本の政財界に広い人脈をもちゴルフの腕はプロ級の人格者、山陽空調工業株式会社の淺田博昭社長と、株式会社フューレックの藤本慎介社長にも出資製作委員会に参加いただき、別件で食事をしながら出資のお誘いをした、というか巻き込んでしまった株式会社ＴＢＳサービス（現在、「ＴＢＳグロウディア」に社名変更）の余田光隆氏（当時）、小川貢一氏、麻生英輔氏のみな様。そして、この映画の最大の功労者が、広島県内でいち早く郊外型のドラックストアチエーン「ウォンツ」を展開し会社を大きくした当時会長（現在、退任）の福岡愼二氏だ。福岡さんは、すらっと背が高く高橋克実似のハンサムで独特の雰囲気を醸し出す紳士。時川監督にお願いして船の上での撮影に出演してもらったが、映画製作現場の大変さを体験してもらういい機会になったのではないかと思っている。その福岡社長から、ぜひこの人も入れてほしいと巻き込んでしまったのが、ワイン通のエンターテイナー、株式会社プラナコーポレーションの渡島俊治社長。みな様本当に「ありがとうございました」。

『シネマの天使』は、閉館から取り壊しまでの約半月の間に撮影を敢行。クランクアップ前に重機が劇場内に入ってくるなど、ギリギリのスケジュールを縫って撮影された。

お礼行脚が次に繋がる

月に三～五本ほど持ち込まれる映画の企画や脚本はどれも、大手の映画会社や配給会社に断られた作品が大半。先日、「映画は儲からないから映画制作はやめた」という超ベテランプロデューサーと話す機会があった。

「海外では、劇映画を五十本も製作していれば豪邸がたつと言われているが、日本では映画を製作しなければビルが建つ」と、今の日本の映画業界で、毎年映画を製作し利益を出すことの難しさを嘆き、「作品が賞をとれば監督が絶賛され、興行に失敗すればプロデューサーが非難され、お金のトラブルはプロデューサーが負う」というような構図に嫌気がさしたと神妙な面持ちでつぶやいていた。

映画のスタッフは、映画が完成し経費清算が終わると、その作品への〝関わり〟が薄れ、次の作品にベクトルが動いていく。ところが、プロデューサーは映画の興行全体の責任を持ち、出資者にお金を返すという役割がある。興行で思うような成績があがらなければ、製作委員会で最後の報告をし、みな様に謝らなければならない、これが一番大切だ。

映画の資金調達でお世話になった方々へのお礼行脚を行っていると、不思議にもっと深いつながりができる場合が多い。「次の作品も応援するからね」と最後は笑顔でハグしていく。私は、出来上がった作品は、出来が悪かろうが良かろうが自分の子供のようなものだから、出来が悪くても、その映画の良いところを見つけ、最後まで必死で売り込もうと努力する。それは、子供を育てるときの母親と同じ気持ちである。「どんな素行の悪い子でも、自分を認めてくれる大人が一人でもいれば、その子は絶対にグレない」とは祖母の言葉。

地方で映画を公開するときは、費用がかかってもなるべく初日舞台挨拶をしてお客さんの様子を見ることにしている。すると、映画というのは、映画の評論家や専門家の評価がすべてではなく、見る人によって反応が違うのがよく分かる。外国人と日本人はもちろん、お年寄りや子供でも受け取るところが違う。

今は亡き三國連太郎さんに、その話をしたところ「あなたは、映画を作ったことで、これだけの人脈や体験を得たのだから、それをもう一つ進めて、次につながるものを自分の財産として残すことを考えてなさい」とアドバイスをいただいた。映画作りは、新しい子供を産むのとおなじで、苦労すればするだけ、後の喜びも大きい。そして、業界の枠を越え、国境を越えた人脈が、その後の「助け舟」となって、また、新しい作品への意欲が湧き上がってくる。だから私は、どんなに大変でも、映画作りをやめられないのだ。

きっかけは「富豪の婚活」

あなたは第二の人生を誰と過ごしたいですか？

お金もある、家もある、子どももいる、友達もいる……、欠けているのは、心から一緒にいたいと思える伴侶。

映画製作の資金調達に奔走しているなかで直面したお金持ちほど「寂しい」現実に私は、何をして生きるかより誰と生きるかが、本当は一番難しいのかもしれないと感じるようになった。

実際に、出資や協賛者から人生の後半を過ごす理想のパートナー選びを頼まれるうちに、「大人の婚活」の顛末を書籍にしたら面白いのではないかと思いつき『富豪の婚活』を書き始めるが、これがなかなか進まない。そんな時、ちょうど耳にしたのが「みんなでおせっかい！」が合言葉である広島県庁の結婚支援プロジェクト、「こいのわ」プロジェクトだった。

そうだ、これだ、これをモデルに映画化を進めようと、早速「こいのわ」プロジェクトの婚活パーティに潜入した。

そこから、「理想の伴侶を見つけてあげる」ことを条件に、広島出身の二名の独身の富豪（お金持ち）に出資してもらい、広島県子育て支援課とともに、ラブコメ『こいのわ婚活クルージング』が誕生。監督は、経済産業省ものづくり日本大賞で審査員をご一緒し気心もしれていて、『デスノート』の大ヒットで知名度もある大御所、金子修介さんにお願いした。金子監督は、広島カープの大ファンということもあり、野球観戦しながらシナハン、ロケハン、後はドドドーと撮影に突入していった。

「女は嘘の中に本音があり、本音の中に嘘がある」、「男は守るものが出来ると強うなる、女は愛するひとが出来ると強うなる」。

第二のパートナー探しをきっかけに、今まで生きてきた道と、この先の未来が見えてくるなかで、主人公が最後に下した決断とは？

映画を見て、「結婚」したい気持ちになり、いつまでも「恋心」を忘れないでほしい。

ちなみに、映画完成後お二人の富豪に理想の伴侶をみつけてあげる約束は、いまだに実現していない。お金があるとなかなか映画のようにはいかないのが現実だ……お二人には伴侶のかわりに、ペットを飼うことをすすめている。

あのTEDxKyotoのスピーカーに！

『こいのわ婚活クルージング』の撮影に入る一か月前、アメリカのニューヨーク市に本部があるTEDの、製作責任者でありキュレーターのJay Klaphakeと代表者チームから、次回日本の京都本部で行われる「TEDxKyoto」（TEDの場合は京都が本部で、東京や地方都市で行われているのが支部）の本大会に推薦されたのでスピーカーとして出演してほしい、という内容の英文レターが届いた。

私は当初、状況が飲み込めず「何これ?」ときょとんとしていると、英語が堪能な社員が、「益田さん、これ本当だったら大変ですよ。今、世界が注目するTEDスピーカーとして出てほしいという内容です。凄い！　あのビル・ゲイツやケン・ロビンソン、茂木健一郎などが登壇し、大勢の人の前で時間内にスーパープレゼンテーションをして、その動画が無料で世界に配信されるんですよ、普通は出たくても出られないし、お金やコネでも出られないし、誰かの推薦がないと絶対無理ですよ、どうしたんですか?」と問いかけてきた。

ところが、全く思い当たるフシはなく、私自身が一番驚いていた。どうしたものかと思案していると、キュレーターの塩見佳代子さんから連絡があり、どうやら立命館大学と上賀茂神社で舞台挨拶付きのホール上映を行ったときに、上賀茂神社式年遷宮奉納劇（『降臨』宮本亜門演出、私はプロデューサーとして参加）で共に苦労して協賛を集め、大変お世話になった乾光孝さんの紹介らしいということが分かった。

人の縁、舞台挨拶の意義、出会いの大切さを改めて実感し、「これは、チャンスなのではないか？」と登壇することにしたのだが、TEDスピーカーのプレゼンを目の前にすると急に、「私にできるのかしら」と不安になってきた。いつもの舞台挨拶とは訳が違う。

約三か月間の猛特訓では、台本の丸暗記は当然のこと、キュレーターチームから、登壇者のスピーチ構成や禁句用語の指導、発声練習、時間制限、内容チェック、身振りや表情、話すスピードと間合いなどのアドバイスを受けながら五十回以上のリハーサルを重ね、映像制作チームと共に効果的なスライドの制作にも挑戦。後は、自分の弱みをチラりと見せることで観客を味方につけ、時々ユーモアを交えながらクライマックスにもっていく。

開催当日は、『こいのわ』の撮影現場である広島から一人抜け出し、会場の京都外国語大学森田記念講堂に向かった。扇状に広がった会場には世界各国からの登壇者と観客で溢れ、熱気にみちた満員御礼。最初は少し緊張していたが、途中から身体がだんだん波に乗り、最後は宇宙戦艦ヤマトの波動砲のようなエネルギーが湧いてきた。観客もそのエネルギーにつられて、食い入るように私の話に耳を傾けている。

スピーチの最後は「〜出資を考えてくださる方に、『皆さん、お金はお墓までもっていくことはできません。お金は興行でお返しできないかもしれませんが、あなたの思いと名前は映画の中で永遠に残ります。私と一緒に、楽しく、遊びながら映画をつくりませんか?』と話しかけます。今まで多くの方に賛同していただき、なんとか十数本もの映画製作を実現することができました。

私の映画づくりは、同じ思いを共有できる仲間と、『夢は大きく、志は高く、仕事は楽しく』

TED×Kyotoでスピーカーとして登壇

がモットーです。たまにはヒットしてもらいたいとも願いますが、何よりも大切なのは、人々の『思い』を映像を通じて伝えることです。そして、百年先まで残る現代の『語りべ』になること。これからも人々の心に残る映画を、全身全霊で作り続けたいと思います」〈リンク：https://youtu.be/brGfunE0Pkk〉と締めくくると、観客がスタンディングオベーションで迎えてくれた。この光景を脳裏に焼き付けることで、エネルギーチャージができ、自信にもつながった。

ロシアでもカタールでもアメリカでもフランスでも中国でもインドネシアでも、ＴＥＤを見ることができる。これからロシアと映画製作するにあたって、ＴＥＤを名刺代わりにして海外と交渉ができることは私の大きな武器になった。

第10章　被災地に贈る『サンマとカタール』と『一陽来復』

ひょんなご縁で女川町と……

「乾杯！」

二〇一四年十二月、日韓合作で製作したドキュメンタリー映画『李藝〜最初の朝鮮通信使〜』（監督：乾弘明）が、映像文化製作者連盟主催の映文連アワードで優秀企画書賞を受賞した。東京・六本木の国立美術館で行われた盛大な授賞式のあと、受け取ったトロフィーを囲み、興奮冷めやらぬまま皆で祝勝会を開始。大盛り上がりの最中、同じ居酒屋の隣のテーブルで、明るく大声でワイワイ盛り上がっているグループがいた。

「乾杯！　おめでとう」、「あの時は大変やったな……」

我々と同じようにトロフィーを囲んで打ち上げをしていた一団は、日本デザイン振興会主催の「グッドデザイン賞」を受賞。受賞団体は、宮城県女川町に建設された〝多機能水産加工施設（冷凍冷蔵庫）「マスカー」〟。その美しいフォルムと機能性を重視した斬新なデザインが評価されたとのこと。初めて会った人たちと飲みながら交流し、トロフィーを見せ合い、建設会社の社員や設計士、女川支援ネットワークのチームと一緒に喜びを分かちあった。女川支援ネットワークは板橋区議会議員の松島道昌さん、住まいに〝思想〟を提案する株式会社リブランの鈴木靜雄会長などをはじめとしたそうそうたるメンバーで構成されたチームだった。このチームのメンバーにはのちのちまで大変お世話になることになる。

宮城県女川町は牡鹿半島の付け根にある水産業の町。サンマの水揚げで有名だ。ＪＲ石巻線の終着駅で、朝日と夕陽の両方が望める美しい港町。

この町の人々は「あの日」二〇一一年三月十一日を何十年も何百年も語り継いでいくことになるだろう。住民の一割近くが犠牲となり、八割以上が住まいを失った。被災した全ての市町村の中でも、人口比では最も激烈な被害を蒙った町である。町の中心部は根こそぎ津波にのまれ、失うものは何もなくなったという。

そんな絶望から、女川の人びとはどうやって立ちあがったのか。そのきっかけとなったのが中東の国、カタールだった。カタールが東日本大震災の復興支援を目的とした援助が「カタールフレンド基金」。その基金で建設された「マスカー」が起爆剤になったという話を聞くうちに、カタールという国に異常に興味が沸いてきた。

カタールの首都はドーハ。ドーハといえば「ドーハの悲劇」を思い出すだろう。サッカーのワールドカップアジア地区最終予選でまさかの敗北を喫した一九九三年の大会。二〇一六年ではサッカーのU－23選手権でリオデジャネイロ五輪の出場を決めた「ドーハの歓喜」やアルジャジーラ放送のアフガニスタンニュース発信が記憶に新しい。

カタールはアラビア湾の中央に、キノコのように突き出した半島の国。大きさは秋田県とほぼ同じだが、国土の大部分が砂漠で、人口の八割が首都ドーハに集中。人口は外国人労働者を含めて約二〇一万人。宗教はイスラム教で首長制、主要言語はアラビア語。日本からはドーハ行きの航空便が約十一時間で毎日運航。雨は少ないが三方を海に囲まれているため湿度は高く、夏場は四十度近くになるという。

「古くは天然真珠採取と漁業で栄えた国でしたが、一九二〇年代に日本の養殖真珠が市場に安く出回ったため、カタールの真珠産業は打撃をうけたようです。しかし、一九三〇年代に世界最大級のガス田開発で、日本の技術支援により天然ガスを液化したLNGガスの輸出が可能となり世界中に輸出。今や、一人あたりのGDPが約十万ドルと、世界でもトップクラスの豊かな国になっています」という話を聞いた。

カタールのガス田開発とLNGガスの輸出、その基盤を支えた中部電力はじめ日本の商社、船舶、電気、建設等の協力によりカタールの繁栄はあるとの思いから、カタール政府は東日本大震災直後、どの国よりも早く、〝恩返し〟の基金を設立し、津波対応を施した「マスカー」の建設を支援した。「マスカー」の名は、潮の満ち引きを利用して魚を追い込むカタールの伝統的な漁法に由来するという。そんなカタールの支援は、女川は必ず復興するんだ、と女川の人々を熱く勇気づけたといわれる。

カタールの支援を受け入れ、老若男女一緒になって施設を完成した女川の人たちの団結力。そこにあったのは、小さな町だからこそできる独創的な発想と素早い行動、寝る間を惜しんで復興にかける若きリーダーたち、それを支えるベテランたちの知恵袋。そんな仲間たちが生み出す情熱と〝実話からくる言葉の力〟に圧倒された。

こんな女川の人々の姿に私は心打たれ、人間のとてつもない底力を感じた。この姿を、復興支援をしてくれたカタールの人びと、ひいては世界の人々に伝えたい。そう感じた瞬間、「建造物が流されてしまった自分の町で、再びサンマの水揚げ日本一を目指したい」。女川魚市場買受人協同組合石森洋悦副理事長と同席していた水産加工業の社長が力強く宣言した。お酒を飲みながら熱心に聞いていた『李藝』の乾弘明監督も、いたく感銘しその勢いに心動かされたようだった。

「カタールと女川の男たちの復興にかける友情のドキュメンタリー映画をつくろう！」。次の映画の題材を探していたときでもあったので、話はトントン拍子に進んだ。その場で映画をつくろうと初対面同士とは思えないほどに熱く盛り上がった。

決まってからが、大変だった映画づくり

映画をつくろう、と決めた背景はざっと以上のようなことだった。町側で撮りためている映像資料があるに違いないというのが大前提にあった。それに加えるのは被災当時の映像。そして新たに撮影した映像を合わせての製作なら、短時間でそれほど費用をかけずにドキュメンタリー映画ができるのではないかと試算した。しかし、現実はそんなに甘いものではなかった。

女川の現実は、こうだった。建設会社は、「マスカー」を建てるのに必死で建造物の記録の撮影どころではない。町の人びとも、日々の復興に一生懸命で、きっちりと撮影する余裕などない。肝心のカタールの映像を使いたくても著作権をクリアすることができず難航。結局、ありものを集めるのは諦めて、最初から撮ることにしたのだが……。

撮影を始めてからすぐのことだった。「このままではテレビのドキュメント番組になって

しまう」と関係者一同に不安がよぎった。

「事実を編集して伝えるテレビ番組とは違って、時間をかけて丁寧に撮る。〝哲学〟や〝社会的意義のある事実〟を伝えるというのが映画の本領。いちばん大切なのは、『マスカー』ができてから、町がどう復興していくのか、人々がどう変化していくのか、その過程を追うのが映画だ」と乾弘明監督の熱い弁。それを聞きながら、人と町が復興していく過程を長期にわたり撮影することを決断した。しかし、それには、予想をはるかに超える資金と忍耐力、女川の人たちといっしょになって映画をつくるんだというかたい覚悟が必要だった。

当初設定した撮影期間は一年。納得できずにもう一年撮影を延長した。二〇一五年三月の女川駅の完成まで引いていたタイムラインを、駅前のプロムナードが完成する十二月までと引き直した。撮影は十二月に完了し、音声は翌年の二〇一六年一月に一旦録り終わった。

しかし、お願いしていたカタールでの大事なインタビューはまだ実現できていなかった。「カタールフレンド基金」の担当大臣のハーリド・ビン・ムハンマド・アル・アティーヤ国務大臣にインタビューしたい、前行政監督長官のアブドラアティーヤ氏にもお話しをお聞きしたいという思いがあった。最終的には日本カタール友好協会、日本カタール議員連盟などの方々のご尽力でインタビューが実現することになり、未来へ夢を繋げることができた。

なぜカタールがサンマの町を支援？

「なぜカタールが最初の基金で女川を支援したか」

そんな疑問をいだきながらのスタートであったが、映画をつくる過程で少しずつ解明されるようになってきた。カタールと女川。中東の一国家vs.東北の港町。一見すると、接点は薄い。

今では、飛ぶ鳥を落とす勢いのカタールも、天然ガスと石油が発掘されるまでは、天然真珠と漁業を基幹産業とする決して豊かとはいえない国だった。東日本大震災後設立されたカタールの被災地支援基金〈リンク：http://www.qatarfriendshipfund.org/jp/〉がサポート先として女川を選んだのも、強い共感からだったと思う。カタールも女川も半島にあり、地理的にも似ている。規模は異なるが誕生から発展の歴史も似ている。私が女川に行った時の印象は「まるで独立国のようなエネルギー、そして若さとベテランの知恵者とのバランスのよい関係」。そんなことがカタールにしっくりきた大きな要因だったのではないかと思う。

では、女川にとって、なぜカタールなのか。基金を受け入れ「マスカー」が完成。それが被災後にふたたび立ち上がる原動力となり、徐々に事業を再開し、商品の生産が開始できた。

その「マスカー」によって復興した商品をカタールの人に食べてもらいたい。恩返しとして、女川の味をカタールの人に届けたい。はじめはそんな思いからだったのだろう。そして、次にはカタールを起点として海外へ商品を展開していきたい。そんなふうに夢が広がったのではないだろうか。その夢が形になる日を映像で追いたいと強く思った。

イスラム教の敬虔な信者であるカタールの人びとに商品を届けるには、アルコールが入っているものは食べることができないなどのハラル認証にのっとった製法での商品づくりが必要だ。女川の若きリーダー阿部さんが立ち上がる。自ら経営する「マルキチ阿部商店」での試作品づくり。マルキチでは手作りの昆布巻き「リアスの詩」を展開している。女川で「ミスターマスカー」と異名をとる前述の石森洋悦さんが加わり試作品を持ってカタールへと乗り込むことになったという。これはシャッターチャンスである。ぜひともカタールでの映像を撮りたいと思った。

イスラム教国家であるカタールでの撮影は困難であると聞き及んでいた。そこで私は撮影準備のために事前にカタールへ渡ることにした。カタールは義理と人情の国でもあるという。何回もお茶を飲んで交流し、相手のふところに入らないと何事も始まらないというのだ。人の関係を非常に大事にする国。いきなり行ってもものごとはなかなか進まなかった。そこで二回、三回と交流を重ねた。そしてついにカタールでの強力なプロデューサー（実は、この人物はカタールの王族だった）も見つかった。まず、彼に女川の試作品を食べてもらった。「すごくおいしい。これならカタールの人の口にもあうんじゃないかな。女川のフィッシャーマンに来てもらって、これを売り込んだらいい」というアドバイスをもらった。そしてようやく女川を代表する二人とカタールへ渡ることができた。

オナガワのフィッシャーマンは「サムライ」

「あの日生かされた俺たちは熱い」の想い。

近年では、カタールに様々な日本人が訪れるようになったという。観光客のほかにもビジネスマンや政治家が多いという。大概が数名でやってきて、本人はほとんど言葉を発することなく通訳を介する対話法をとる。会話といえば、サンキューと握手の挨拶程度。当然のことながら、受け入れるカタールの人びと（この場合、王族）は、自分の言葉で話してほしいと思うそうだ。英語が話せなくても、アクションや声のトーンで伝えられることはある。語彙よりも、大切なのは伝えたいという気持ちだ。

「女川を代表して商談に来たお二人からは、生身の人間を感じた。言葉の壁を超え、伝えようとする復興にかける強いエネルギーを感じた。媚びない、すじを通すという真のサムライ精神を持った日本人に出会えたと思った」という話をカタールの人から聞いた。交渉の場に臨んだカタールの人は、言葉の壁を越え心に通じ合うものがあったという。ニッポン人代表、女川のサムライ二人が熱くカタールの人びとの心を揺らした光景が、目に浮かんだ。

カタールの「フレンド基金」による「マスカー」で女川が復活のきっかけを摑んだことは、カタールの王族の間はもとより、国民の間でもあまり知られていないという。女川のみならず、震災後の東日本が苦難に耐え、立ち上がり、復興に向かって夢を持って進んでいこうとする姿は残念ながらあまり世界に発信されていない。これには驚いた。逆に現地で知り合いになった王族の一人に言われた言葉が胸につきささった。

「今のカタールは、戦争に負けた日本が焼け野原から復興して経済大国へと成長していった、かつての日本の姿に似ている。しかし、今の日本からはエネルギーが感じられない、活力を感じられない。日本はこのまま失速していくのか」と。ううん、そんなことはない。私は、世界へ日本を、女川を発信することでその言葉の答えにしようと思った。

そんな折、日本の商社である丸紅がカタール大学での授業に映画を使いたいと提案してくれた。アラビア語と英語に翻訳されることが決まった。次は、字幕づくりだ。短い文章で、女川の熱意を端的に伝えていく作業が必要になってくる。女川のとある方の推薦により、英語版はY組の安念有加さんが担当、アラビア語はエリコ通信社の新谷恵司さんにお手伝いいただくことになった。カタールの人にとってはこの映画が初めて見る新しい「JAPAN」かもしれない。そう考えると責任重大だ。

「女川へ行こう!」

『サンマとカタール』を通じて、女川の人、カタールの人びとに伝えたいことがある。「映画という映像の力を感じてもらいたい。映像というビジュアルな手段を使えば端的に日本へ、世界へ発信できる」ということを。女川の工場を繁栄させていくには、商品が売れることが大切だ。駅前のプロムナードを維持するには顧客の来店が欠かせない。認知や集客に映画が貢献できるのではないかと感じている。

二〇一六年五月七日の全国公開予定に先立ち、二月二十一日に「女川町まちなか交流館ホール」で試写会を開催した。女川の人たちに一番最初にこの映画を見てもらいたいと思ったからだ。ハラハラドキドキの試写会では、涙あり、希望の光ありの映像に、「勇気をもらった」「元気になった」「よくぞここまで描いてくれた」と女川の人びとの反応もよく大成功に終わった。当日、宮城県石巻市などの被災地の視察に訪れていた安倍晋三元首相も女川の上映会場に立ち寄ってくださり、元首相からも励ましの「エール」をいただいた。

女川から東京に戻る新幹線の車中では、私が映画プロデューサーになるきっかけとなった人物から「イランの経済制裁解除」を受け、四月からイランに赴任することになったという連絡を受けた。思い起こせば、私の最初の映画づくりは、イランだった。イランは今回のカタールとはペルシャ湾を挟んで対岸の国である。

『サンマとカタール』は、劇場公開前にカタール大使をお迎えし、満席の朝日ホールで完成披露試写会を行った。また、劇場公開初日には、眞子内親王殿下をお招きし、映画をご覧いただいた。乾弘明監督が、映画撮影の苦労や東北の実情などを眞子様に説明すると、眞子様から、次回は家族（秋篠宮家）で映画をご覧になりたいとの希望をいただき、大きなニュースになった。

東北三県の人々と寄り添った『一陽来復』

『サンマとカタール』は、震災から立ち上がる女川の町づくりを中心に撮影したが、被災地は女川町だけでなく広い範囲に及ぶ。東日本大震災から六年後の東北三県、岩手・宮城・福島を舞台に、手探りで前進する人々を追った、鎮魂と再生のドキュメンタリー『一陽来復』は、特別の人でなく、被災地に暮らす普通の人々の人間賛歌を映し出している。実は、これからの復興はインフラ整備ではなく「心の復興」が大切になってくるということを一作目の時から感じていた私は、この作品を見た後にお客さんが、映画に出てきた場所に行こうと思って欲しい……そう考えていたのだ。

そんな思いもあり難航したのは、映画のタイトル。

カメラは「復興」という一言で捉えることのできない一人ひとりの確かな歩みに寄り添う。そんな映像に映っている人々の思いを、ひとつ残らず伝えられるものがいい。

しかし、夕日や朝日、大地、立ち上がる、などの文言が入ったタイトル案は幾つもが出てきたが、今一つパッとしない。監督陣も納得がいかない様子で、タイトルを決めるのにかなり時間を要した。

考え抜いて、ついに決まったのが、「一陽来復」。「一陽来復」とは、陰が極まり陽が生ずること、冬が去り春がくること、凶事が長く続いた後でようやく物事が良い方向に進むこと。

これがいい。作り手の思いが込められたタイトルだ。後から、「一陽来復」の御札を出している神社やお寺があり、その御札は金運の御守だと聞き、さらに喜びが込み上げた。

タイトルも無事決まり、復興庁が公募した「心の復興」予算の企画事業に応募し、採択された資金で制作をスタートさせたのだが、次第に資金は足りなくなり劇場公開はかなり難しい状況になっていた。

それならば、と、復興支援で仮設住宅を建て

『一陽来復』の撮影現場にて

ている企業に焦点を当て協賛をお願いすることにし、早速、以前から付き合いのある大和リース㈱と積水化学工業㈱、ＴＯＴＯ㈱に頼み込むと、快く引き受けてくれた。

また、撮影と並行して被災地の食材を使用したオリジナル料理のワークショップを開き、イオスコーポレーションのハーブティーを飲みながら食事会を行った。

監督は、ＮＨＫドキュメンタリー番組制作や『サンマとカタール 女川つながる人々』『シネマの天使』などのプロデューサーを経て、本作が初監督作になるユンミアと、撮影監督も兼ねた辻健司に決まった。辻とは『築城せよ！』の制作も共にしているので心強い。

その後、「東日本大震災の衝撃と悲しみは世界中の人々に伝播したが、その後生まれたたくさんの小さな希望や幸せを伝えたい」という一心で東北の各地に通い、取材を続けた。

この作品は、映文連アワード準グランプリや広島国際映画祭や、ロンドンフィルムメーカー国際映画祭正式出品など多くの映画祭でも紹介され思い出深いが、なかでも一番忘れられないのは、『サンマとカタール』での皇室試写に続き、眞子様のご希望が叶い、秋篠宮殿下、紀子様と眞子様のご家族で作品をご覧いただくことになり、大変感動されていたことだ。先導役として秋篠宮家のお迎えから劇場までのご案内を務め、映画の最後に映し出されている桜についてご説明した時のことを、私は今でも鮮明に覚えている。

はじめは素人だった映画製作も、この業界に二十年も携わっていると次第に名前が知られ、さまざまな種類の作品が持ち込まれるようになる。映画にしてほしいという提案を受け、出資を集め製作したのが、性同一性障害LGBTをテーマにしたドキュメンタリー映画『ハイヒール革命！』だ。時流に乗った題材について、古波津陽監督がテンポよくまとめたこの作品は、劇場公開されると大きな話題になった。

第11章　ロシアから世界へ！

『ソローキンの見た桜』映画化へ

「映像化したい企画があるのですが、どの会社も話は聞いてくれるものの実現までには至らず、今年も桜の季節が過ぎようとしています……」

二〇一七年の春、突然、愛媛県松山市に本社がある南海放送から映像企画の相談があった。ひとまず話を聞いてみると、日露戦争から百年の節目となる二〇〇四年に制作され高い評価を受けたラジオドラマ「～松山ロシア人捕虜収容所外伝～ソローキンの見た桜」を映像化したいという内容だった。

私は「ロシア？　何だか恐い（？）感じがする」と少し躊躇したが、次の瞬間にはもう「イランよりは楽かも知れない……」と前向きな考えに変わっていた。

清水啓介常務取締役（当時）の映像化に対する熱意と、「今でも松山市内にあるロシア兵墓地の墓を近くの学生や市民が毎年掃除している」という事実、そして、ラジオドラマの原作者でもある田中和彦社長（当時）の構想や思い、世界観に、ビビっとくる〝何か〟を感じたのだ。

以前『瀬戸内海賊物語』（配給：松竹）を製作した際、いの一番に出資を決めてくれた南海放送さんや河田正道会長（当時）には大変お世話になっているので簡単には断れないという事情もあり、この機会にロシアに行って、自分の肌でロシアを感じてこよう、と心が動いた。

三井物産を味方に、ロシア訪問

日本の企業で、ロシアへの投資額が一番多く、利益を得ながら多方面に影響力があるのはどの企業だろうか？

ロシアに行くなら一番〝力〟のある企業からいろいろな情報を得たい。そこで名前が挙がったのが、大手商社の三井物産だった。

一八七六年に創立された旧三井物産は、日露戦争後一九〇七年にウラジオストクに出張所を開設、その後一九一五年にペテルブルグにも出張所を開いているが、一九一七年のロシア革命により、外資系企業はほぼ全てソ連から撤退。一九四七年に創立された現在の三井物産は、日本・ソ連間の正式な貿易取引が解禁された一九六七年、モスクワのウクライナホテルの一室にモスクワ事務所を開設。この頃、現皇后陛下の雅子様もモスクワにお住まいになられている。

ロシア語が堪能で筋金入りのロシア通、目黒祐志さんからロシアに関する歴史や政治、経済、治安、法律、良いことから注意すべきことまで、丁寧に教えてもらった。それらを全て学んだ上で最終的に分かったのは、約束事について、最初はどうなるかハラハラしても、最後は何とかなるのがロシアだということ。喧嘩もするが仲直りも早い。ロシア人は日本人が好き。ロシアの女性は美しいだけでなくよく働き、自分の意見は押し通そうとするが、情も深い。

「ロシア人は交渉相手を殺さない」。

さらに、ロシアの秀でた映像技術には舌を巻いた。話を聞くと、専門大学での映像教育は国家の後押しがあり、機材費と照明費用が異常に安いとのこと。なるほど、技術力の高さに納得がいく。

帝政ロシアから受け継ぐ芸術文化の豊かさ、日露の共同製作や文化交流は、これから事業としても大いに可能性があるという。

そして、ロシア第一放送には「松山市民とロシア兵との当時の未公開交流写真が数多くある」という朗報や、翌年が日露友好年でもあることから「ロシアでも公開できるかもしれない」と私の直感が働いた。

加えて幸運だったのは、三井物産の安永竜夫社長（現会長）が、愛媛県出身で、南海放送の河田会長と田中社長（当時）も通っていた愛媛の名門、愛光学園の後輩だったこと。安永氏は「両国にとっても久しぶりとなる日露合作映画の構想が自分の故郷松山から持ち上がり、協賛させていただくことになりました」と話している。

三井物産の協賛が決まるとそこからの展開は早く、丸紅、商船三井、川崎重工、三菱自動車、三浦工業、東京製綱、大幸薬品、スリーボンド、太子食品工業など、大手企業の協賛も次々と決まる。時流に乗った「ロマン」と、関わった皆さんが損しない「ソロバン」が見込まれると判断し、南海放送さんと共に、一気に日露合作映画の製作を進めていった。

井上雅貴監督の妻はロシア人、日本・ロシアの名優も参加

監督選びにはかなり骨を折った。有名な大御所の監督にお願いするとお金と時間がかかるし、ロシア人への演技指導もあるのでロシア通で英語が分かり、あらゆる状況を想定した上で柔軟な対応ができる人物でないと、現場が混乱してしまって撮影ができない。

迷っていた時に、大手広告代理店の博報堂さんから適任者がいるので井上雅貴監督の作品を観てほしいと連絡が入った。井上監督は、ロシアでロシア人俳優を起用し、衝撃的なSFの世界観を映画『レミニセンティア』で表現した新鋭だ。ロシア人の奥様、井上イリーナさんは、映像制作に詳しく、日本語と英語も堪能で役者もこなす。そして、日本とロシアの文化を違和感なく描くことができ、ロシアからの衣装、小道具の調達やキャスティング、加えて機動力も兼ね備えている。何より、監督とお互いに深く分かり合えるパートナーでもあるということで、井上雅貴監督と井上イリーナ夫妻を迎え、ようやく日露合作映画『ソローキンの見た桜』は船出することができた。

ロシア捕虜収容所でのダンスシーン

映画は、日露友好年の記念映画となり、日本とロシアで劇場公開した。その年のモスクワ国際映画祭では特別招待作品に選ばれ、愛媛国際映画祭でも「特別貢献賞」等数多くの賞を受賞したのだが、なんといっても、プロデューサーとして初めてレッドカーペットを歩き「観客グランプリ特別賞」を受賞したオレンブルグ国際映画祭はとても感慨深かった。

授賞式では、原作者の田中和彦氏が金のライオン像のトロフィーを手に、

「一九〇四年から二年間、両国が戦争をしていたとき、ロシア兵捕虜収容所の第1号が松山にできました。兵士の傷を癒す道後温泉があるからです。あれから百年以上、今も松山市民がロシア兵墓地を大事に供養しているのは、それが

オレンブルグ国際映画祭でレッドカーペットを歩く

日本の『真心』だからです。戦争中に生まれた『友情』や『愛情』がテーマになっていますが、この映画で知ってほしいのは、そんな日本の真心です」と話した。

また、ジャーナリストの小林和男氏は「この映画そのものも日露の歴史と心の交流を伝えているが、世界のメディアを通じて日露の理解に刺激を与えている点でも、合作の狙いが生きた注目すべき秀作」と伝えている。

『ハチとパルマの物語』の誕生秘話

二〇一九年六月二十九日、大阪で開催されたG20の日露友好年の閉会式で、その年の三月に劇場公開された日露共同制作映画『ソローキンの見た桜』（ロシアでは二〇二〇年十二月十日劇場公開）が大きく紹介され、主演の阿部純子さんが司会に大抜擢された。

プーチン大統領と安倍元首相はじめ、参加各国大使や要人を迎え、厳戒態勢の中で行われた式典には、映画の出資者や配給会社なども招待された。そして、当時ロシア大統領補佐官としても同行していたR－ファーム㈱A・レピック社長から、会場でこんなことを言われたのだ。

「日露の間には、いろんな難しい問題があるけれど、この映画で描かれているように、同じ人間、心の交流に涙する人が多く、こういうときだからこそ、文化で日露をつないでほしい。次に日露合作映画をつくるときは、戦争や捕虜・スパイといった内容は避け、家族で皆が楽しめる感動大作をつくってほしい」

その時、脳裏に浮かんだのは、プーチン大統領の秋田犬「ユメ」と、平昌オリンピックで金メダリストとなったフィギュアスケーター、アリーナ・ザギトワの秋田犬「マサル」だった。〝忠犬〟がテーマなら、政治的な問題も克服できる。

勢いに乗って、私はその場で日本の「忠犬ハチ公」の話をすると、実は、ロシアにも忠犬ハチ公と同じような忠犬パルマがいた、というのである。

日本のハチ公は、帰らぬ主人を十年間駅で待っていたが、ロシアの忠犬パルマも、空港で二年間主人を待ち続けたシェパードだ。ロシア人はペットを飼う家庭の割合が日本より高く、大型犬を好む。寒さに強く、忠誠心が特徴の秋田犬は、外見のかわいさもあってロシアの愛犬家の心をとらえた。

次のテーマは、日露の〝忠犬〟を描いた『ハチとパルマの物語』にしようと、すでに心はロシアの空港に飛んでいた。

人が犬を選ぶんじゃない、犬が人を選ぶんだ

『ハチとパルマの物語』の監督は、主にロシアの空港での撮影になることを想定し、アレクサンドル・ドモガロフジュニアに決まった。実は、父親であり名優のドモガロフさんとは『ソローキンの見た桜』の撮影のときから家族ぐるみの交流が続いていたのだ。

ドモガロフさんのダーチャ（別荘）に招待され、ドモガロフJr監督から見せてもらった実存したパルマの映像に、私は心を打たれた。秋田犬のハチが〝愛くるしい静〟なら、ロシアのパルマは〝賢い動〟。

ハチの話はほとんどの日本人が知っているので、パルマの話を中心に、撮影は八割をロシアで、残りの二割を秋田犬の故郷、秋田県大館市で行うスケジュールでスタートした。

この映画で、生き物を飼うことの大切さと責任を持つことの重要性、犬が人を選ぶことも知ってもらいたい。

まるで脚本を読んでいるかのようなパルマの犬の演技に圧倒され、人間が犬と関わり犬を通じて成長していく心温まるヒューマンドラマに仕上がる予感がしていた。

英語とロシア語と日本語が飛びかう撮影現場

ロシアでは、『ソローキンの見た桜』で通訳役を演じた山本修夢氏が、ロシア語を話すことができたので、劇中もロシア語で演じ、コーリャ役で主演のレオニド君や監督とも意思疎通を図りながら撮影は順調に進んだ。

しかし問題は、日本側秋田県大館市での撮影だった。

撮影現場では、監督がロシア人、役者はロシア人と日本人、撮影スタッフは日露合同ということもあり、日本語と英語、ロシア語が飛び交っていた。

「日本での撮影は当初英語で脚本を書いていましたが、撮影の前日、ドモガロフ（大きくなったコーリャ役）さんの意見により、ロシア語と日本語に急遽変更しました。台詞に至っては、撮影する八時間前に監督が変更し、撮影現場でも状況に合わせてシーンが変わるので、出演いただいた渡辺裕之さんや藤田朋子さん、壇蜜さん高松潤さんらはもちろん、スタッフも大変でした」（日本側アソシエイトプロデューサー原麻里奈）。

その上、急遽監督から「おじいちゃんになった現代コーリャ、孫娘のアナスタシアを連れて日本に行き、パルマとハチをつなげるラストシーンにしたいので、孫娘役のアナスタシアを用意してほしい」と、依頼が入る。しかも日本語を理解してロシア語で会話ができる可愛い子という条件付きで。

何とかしなければ……頭を悩ませ、思い浮かんだのが『ソローキンの見た桜』の初日舞台挨拶に家族で鑑賞いただいた、志賀ファミリーだ。

文化やスポーツの振興を通して社会貢献を積極的に進めている㈱セレモニー代表取締役の志賀司氏なら、きっと映画にも理解があるはず。さらに奥様は超美人のロシア人。お二人の娘なら監督の希望する孫娘役にピッタリではないか。すぐに連絡を取り、出演許可をいただいた。驚いたことに、志賀アナスタシアちゃんは、ロシア語だけでなく英語も得意だった。

志賀氏は、内容についても「『ロシア版のハチ公物語』とも言える作品で、映像、ストーリー、演技全てにおいて十分感動できる作品だと思いました」と大絶賛。その流れで、エクゼクティブプロデューサーにも就任いただいた。

この後、アリーナ・ザギトワの撮影や交渉において、ともに〝強運〟を発揮することになるとは知らずに。

〝強運〟！　アリーナ・ザギトワの撮影

二〇一九年夏、『ハチとパルマの物語』（ロシアの題名は「パルマ」）は、ロシアで無事クランクインした。ロシア側は大手の制作会社マーズメディアとロシアテレビ、ロシアの文化省などの大口出資が決まった。配給は、世界一のガス会社「ガスプロム」の子会社で資金も潤沢なセントラルパートナーシップ。秋田側のエクゼクティブプロデューサーにお願いしたのは、大学教授でもあり秋田人脈がある高松和夫氏。この高松先生のロケ地誘致の力添えとバックアップにより、秋田県大館市の協力と秋田魁新報、秋田ケーブルテレビ、秋田テレビ、秋田放送、秋田朝日放送の秋田マスコミ連合の出資が決まった。さらに、撮影のセカンドユニットとしても活躍いただいた㈱セレモニーの出資が決まり、軌道に乗ると、配信やビデオグラムに強いＢＢＢ、〝日本のエカテリーナ二世〟とも呼ばれる女帝、山一興産㈱の柳内光子社長と㈱リブラン創業者でダンディな経営者鈴木靜雄氏の支援が決まり、配給は、東京テアトルと平成プロジェクトの共同配給で、日本の製作体制が固まった。

日本の撮影は十一月と一月に大館で無事終了。三月にロシアの空港で最後の撮影をして、二〇二〇年十月に劇場公開するスケジュールでロシア側とも調整が進んでいた。

ところが、日本の撮影が終了したころから新型コロナの影響が出始めていた。私は一抹の不安を感じ、世界的な感染拡大が起きる前にロシアに渡り、約束のアリーナ・ザギトワの出演シーンを確認したい、との思いで、前出の志賀社長と通訳兼アシスタントプロデューサーのナターリア・クロチキナと共にロシアに渡航した。念のため、ユニ・チャームや興和から、マスクを用意してもらい、その他、空間除菌グッズなどコロナ感染予防対策商品を大量にお土産として持ち込んだ。実は、このお土産が、後にお金以上の価値をもたらすことになる……。

到着早々、マーズメディアの本社の会議室には、ロシア側担当プロデューサー陣がずらりと並んでいた。

彼らはこれまでの撮影の進行などの報告を順調に終え、アリーナ・ザギトワの撮影状況の説明に差し掛かると、急にトーンダウンした。私はなんとなく嫌な予感がした。案の定、「ザギトワは、ロシアではもう人気が落ちてきて、ギャラも高いしスケジュールも厳しい、今は四回転ジャンプを飛ぶ若手の可愛いスケーターが注目されているので、そちらで撮影したらどうか」と提案してきたのだ。

私は「すでに撮影を終えているのでは？」と心の中で首を傾げた。そもそも話が違うではないか。秋田犬を飼っているザギトワだからこそ撮影する意義があるのに、ロシア側は日本側の意図を理解していない。

志賀社長はロシア側の発言を聞くなり、「ザギトワでなければ意味がない！」と烈火のごとく怒り始め、場の空気が固まる。

私は、何とかしなければと焦りながらも、すでに手にしていた携帯電話で在ロシア日本大使館に電話し、「大至急、ザギトワが所属している学校の責任者と連絡を取って、明日、面会できるよう設定してほしい」と懇願した。

幸運にも、『ハチとパルマの物語』は、その年の日露友好年地域間交流作品に認定されていたため、大使館も動きやすかったようだ。加えて、その時期に行われているはずのフィギュアスケートのカナダ国際大会が、新型コロナ感染拡大のため中止となり、選手はもちろん、ザギトワのコーチや所属団体の責任者など決定権のあるメンバーが全員そろって学校にいたのである。こんな流れは滅多にない珍事と大使館側で今でも逸話になっているという。

何はともあれ、翌日の昼にアポントが取れた。

当時ザギトワが通っていたサンボ70の学校に到着すると、まず副校長と金髪のエテリ・Tコーチが対応してくれた。

私は、G20の日露交流年閉会式の流れから日露合作映画を作ることになったことや、秋田犬を日本から贈呈されたアリーナ・ザギトワ選手は日露友好の大切な役目を果たしているので、ぜひ映画でマサルへの思いを語ってほしいと話し、さらに、エテリ・Tコーチはテレビで拝見するより数段美しい、この学校は世界の誇りだ、等々の美辞麗句を並べ口説くも反応は芳しくない。このまま諦めなければならないのだろうか……。

ふと、学校側が私の横に置いてある（当時ロシアで不足していた）大量の新型コロナ感染防止除菌グッズに興味を示していることに気付く。これはいけるかもしれないと思い、「日本からお土産で持って来ました」と伝えた。

すると、二人の表情がだんだんやわらぎ、「そんなに強い思いがあるのなら、今、ザギトワはスケートリンクで練習しているから、直接会って自分で出演交渉してみなさい」と、リンクまで案内してくれたのだ。

ザンボ70のリンクでは、若手のトルソワやシェルバコワが四回転ジャンプを軽々飛んでいた。その姿に思わず見惚れていると、中でも一段とエレガントなザギトワが、シュッ！とリンク端に止まって私に話しかけてきた。挨拶もそぞろに、映画出演の意図と、時間がないので明日までに撮影したい旨を説明すると、「いいわよ。明日、練習が終わってから撮影ね、愛犬のマサルも元気だから学校に連れてくるわ」と満面の笑顔で快諾してくれたので、ようやく肩の荷が下りたのだった。

志賀社長の運と自分の運が重なった〝強運〟のおかげで、撮影の二時間前に突然協力的となったロシアの撮影クルーが到着し、ザギトワの撮影は、驚くほどスムーズに進んだ。

そして、ロシアから無事日本に帰国した翌日、ロシア便も渡航禁止となった。危機一髪の出来事だった。

新型コロナで閉塞した社会を、感動の涙と笑いでつなげたい

世界中が新型コロナによるパンデミックの中、ロシアのスタジオでは編集作業を続けながら、まだ終了していない重要な最後の空港でのシーン、秋田犬とパルマが出会うシーンなどの撮影許可が出るのを待っていた。五か月過ぎても許可は出ず、ようやく撮影の許認可が下りたのは公開予定時期の二か月前。

しかし、ロシアへの渡航制限があり、日本の俳優は撮影のために出国できない事態となっていた。仕方なく、日本人に見えるアジア系ロシア人に代役をお願いし、日本語のアフレコ

は、在ロシアの三井物産モスクワＣＩＳ総代表目黒祐志氏に頼み込んだ。

また、収束の見えない新型コロナ情勢を考慮し、ロシアの公開は五か月延期。すでに経済的な打撃を受けていたが、日本での公開も八か月延期する決断をした。

いよいよ、三月十八日よりロシアでの公開がスタートすると、二十一日までの四日間で累計三十九万九千五百九人の動員を記録し、ボックスオフィスの首位を獲得した。日露合作映画としては歴代トップの快挙だ。これを皮切りに日本では五月二十八日より、さらにはヨーロッパ全土での公開が決まった。

日本での劇場公開は、緊急事態宣言の中で強行したため興行的には苦戦したが、公開一週間前の大館市で行われた先行上映会にザギトワ選手が来日。福原淳嗣大館市長と共に登壇し、流暢な日本語で舞台挨拶を行う様子は日本中で大反響を呼んだ。

緊急事態宣言中だったので、アリーナ・ザギトワ選手の来日は絶対不可能と諦めていたが、政治・外交・人の輪・スタンス・資金提供のスポンサー、利害を度外視した温かい協力やタイミングなど、様々な〝見えない力〟の働きによって実現された。事情があって、お世話になった皆様のお名前を全員紹介できないが、この場を借りて心より感謝を伝えたい。

また、堂珍嘉邦氏（CHEMISTRY）が歌う主題歌「愛の待ちぼうけ」にのせて、日本が誇る振付師・宮本賢二先生による振付と世界的なアイスショーの演出を手掛けるアララット・ザガリアン氏の演出により、アリーナ・ザギトワ選手が演技を披露（無観客で実施）。この特別プログラムは、〝日露友好の架け橋として〟また、〝世界が平穏を取り戻すことを祈念して〟、後日ａｕスマートパスプレミアムにて世界に発信された。

映画が公開されると、デヴィ夫人さんから「スタートから愛犬との切ない別れが描かれ、父と子の愛なき葛藤、老エンジニアの思い、高慢な女上司との絡み、ハチとの出会いなど、七十年代のソ連を舞台に、生きぬく人々の苦しみを理解しながらも出る涙、涙、涙。日露合作で、こんな風刺映画が作れる時代になったのかと、感銘を受ける」、王貞治さんから「犬と少年との心の交流が素晴らしい。犬の忠誠心と少年の熱い愛情、大人にない純真な思い、世界は同じなんだなと感じた。動物と人間の心の交流が見事に描かれている、一人でも多くの人たちにみてもらいたい」、都倉俊一さんから「古代から『犬は人間の一番の友だ』と言われてきたが、まさに犬の愛情がいかに深いかがよくわかる珠玉の物語である。『忠犬ハチ公』とストーリーは重なるが、これは『忠犬パルマ物語』としてもとてもよく書かれている。また、ソ連という特殊な環境における官僚主義、純粋な子供の目から見た大人達の醜い行動など、興味深い視点で描かれている。特にパルマの演技？　それを指導した演出は見事なものである」など、たくさんのコメントをいただいた。

最後にロシア通で知られる、作家で元外務省主任分析官の佐藤優氏の評論を紹介したい。

「ロシアにも忠犬ハチ公のような物語があることを知って感動した。犬にとっても人間にとっても信頼が何よりも重要な価値だということが伝わってくる。ロシアがとても身近に感じる。一人でも多くの人に観てもらいたい」


その後、『ハチとパルマの物語』は、オレンブルグ国際映画祭「人と犬の演技作品賞」を皮切りに、ビバロシア国際映画祭グランプリ受賞、ブルーナイト国際映画祭グランプリ受賞など数々の賞を受賞し、世界三十五か国以上で公開されている。

組織に属さない女の強み！

映画製作を通じてやんわり感じたことがある。大きな会社や既存の組織に属して働いている人は、社内の調整や内部の敵と闘ったり、雑用が多くて、前に進むエネルギーに集中できない。特に、男の人は変なプライドに縛られて不自由なことが多い。その点、女は、自然体

1970年代のロシアの軍事空港を再現し、撮影

アナスタシア（左）、アリーナ・ザギトワ（中央）、福原市長（右）

秋田県庁で行われた製作発表会見

でお願いやおねだり、泣くこともできるし、時として「やんわり脅す」こともできる。

映画製作は全くの素人からスタートしたが、業界のことを全く知らないからこそ好奇心を持ち、調査し、聞くことに素直になれた。毎回プロジェクトを組み、同じ思いを共有できる仲間と働き、「夢は大きく、志は高く、仕事は楽しく」をモットーにしている。

「この人と仕事をしていて楽しい」と思ってもらえるあっけらかんとした明るさと、さりげないユーモアを大切にしながら、組織に属さない女の強みを生かし、これからも教科書では教わらない歴史的事実や先人の知恵を映像に残し、次の世代に伝える「語り部」でありたいと思っている。

エピローグ

東京国際映画祭での記者会見で、映画製作を思い立ってからの道のりを紹介し、「実は、この体験を本にするつもりです」と発表した。それが、今、あなたが読まれているこの本である。私の人生を絨毯にたとえるなら、映画製作に関わってからは、信じられないペースで結び目が増え、今までになかった個性的な色が加わり、大きさも模様もまったく違うものになった。その結び目のひとつひとつは、忘れられない出会いとエピソードでできている。

十作目の映画公開を前に、再度本を書き起こすにあたり、みなさんから受け取ったプレゼントの数々を振り返ることができた。あらためて感謝の気持ちでいっぱいになった。紙面が足りなくて紹介しきれなかった人たちもたくさんいるが、この場を借りてお礼を申し上げたい。

映画を作ろうと思い立ったときには四年生だった娘は、私が授業参観やクラス懇談会や入試説明会をすっぽかしている間に社会人になった。母親が火の粉を振り払うのに精一杯になっている間に、娘は自立心を育てていた。「ママは、いつもニコニコして太陽みたいだけど、危なくてコケそうで見ていられないから、周りの人みんなが助けてあげようとしていること忘れないでね。ママが失敗しても、家族みんなで支えてあげるから落ち込んだときは何でも相談してね」と生意気を言ってくる（今は結婚し、二歳になる男の子の母親を立派につとめている）。

もう一人、私を絶えず支えてくれたのは、共同プロデューサーとして苦労と楽しみを共にした山下貴裕氏だ。

「特別な能力を持っているというより、人より多い愛情とロマンを持ち合わせたひとりの主婦がこれだけの人、企業を巻き込み、映画という総合芸術を通じて文化的、人道的世界貢献をすることができるのはすごいことだと思います。

その夢に乗ることができたことは僕の人生の財産であり、非常に感謝しております。また、僕と同じように益田さんの思いを理解し、支援してくださった仲間、協力者のみな様、本当にありがとうございます」と山下氏。その後、プロデューサーとして経験をつみ、最新作の日フィリピン合作映画『GENSAN PUNCH（義足のボクサー）』（ブリランテ・メンドーサ監督、主演：尚玄）は、二〇二一釜山国際映画祭キム・ジソク賞とコンペティションにダブルノミネートされている。今後の活躍も楽しみだ。

今も、映画の世界に飛び込むハードルが高いことには変わりはないけれど、日本映画がロマンとソロバンを追いかけられる環境は少しずつ整っているように見える。
そして現在は、長編ドキュメンタリー映画『木樵（きこり）』、長編映画『愛する人へ』（仮）を製作中だ。

令和3年10月　東京にて

＊ＤＶＤ販売及び上映に関する問い合わせ先
株式会社平成プロジェクト
電話　〇三―三二六一―三九七〇
https://heisei.pro/

【製作作品】

■一作目　長編劇映画『風の絨毯』二〇〇三年　カラー一一一分

監督＝カマル・タブリーズィー　脚本＝モハメッド・ソレイマン／今井雅子　プロデューサー＝益田祐美子　出演＝榎木孝明／柳生美結（みゆ）／ファルボー・アフマジュー／レザ・キャニアン／工藤夕貴／三國連太郎　配給＝ソニー・ピクチャーズ エンタテインメント

突然の事故で母を亡くし、心を閉ざした少女さくらは、貿易商の父とともにイランを訪れる。生前母がデザインした、祭屋台に飾るペルシャ絨毯を受け取るためだ。しかし手違いで絨毯は織られておらず、さくらの悲しみと祭の期日が迫っていることを知った少年ルーズベが奮闘するが…。ペルシャ絨毯を通じて生まれた心の交流を描いた日本・イラン初の合作映画。飛騨高山とイランのイスファハンを舞台に、子どもの淡い恋を織り交ぜながら、二つの国の文化や国民性の違いを乗り越えてゆく人々の姿を詩情豊かに描いた感動作。　第二十一回ファジール国際映画祭観客賞・審査員特別賞・国際カトリック協会賞受賞、他

■二作目　長編ドキュメンタリー映画『平成職人の挑戦』二〇〇五年　カラー六十七分

監督＝乾弘明　語り＝三國連太郎　プロデューサー＝益田祐美子　配給＝平成プロジェクト、リュックス

日本三大美祭のひとつに数えられる飛騨高山祭を彩る豪華な祭山車。江戸時代に焼失した幻の祭山車新造という大仕事に挑んだ、十二人の職人たちの技と魂を伝えるドキュメンタリー。日本だけでなく世界五か国で上映、日本の職人魂を伝える人間味あふれる記録映画として高い評価を得た。日本国内では、劇場公開の後、全国各地の自治体や学校、伝統技能保存組合等の主催により百二十八か所以上で上映会が行われた。

文部科学省特別選定（青年向）、文化庁文化記録映画優秀賞受賞、二〇〇五年東京国際映画祭公式上映作品、日本映画ペンクラブ選定映画などに選出

■三作目　長編ドキュメンタリー映画『蘇る玉虫厨子』二〇〇八年　カラー六十四分

監督＝乾弘明　語り＝三國連太郎　プロデューサー＝益田祐美子　配給＝東京テアトル

法隆寺――ここに、飛鳥時代に推古天皇がご自身

【製作作品】

の宮殿において拝んでいたとされる国宝「玉虫厨子」がある。平成十六年春、その国宝を現代に蘇らせる「玉虫厨子復元プロジェクト」が立ち上がった。資金調達から、資料調査、材木や玉虫の羽の収集から腕利きの職人の手配まで、完成までの職人衆の苦悩と興奮、熱意と葛藤の姿を追いながら、「伝統技術を後世に伝える」ことの大切さを伝える。千三百年前の職人と、平成の職人たちの心の会話を通じ、日本人の魂の源流に迫るドキュメンタリー。

文部科学省特別選定（青年向・成人向）、映文連アワード二〇〇八ソーシャルコミュニケーション部門優秀賞受賞

■四作目　長編劇映画『築城せよ！』二〇〇九年　カラー一二〇分

監督・脚本＝古波津陽　脚本＝浜頭仁史　プロデューサー＝益田祐美子　出演＝片岡愛之助／海老瀬はな／江守徹／阿藤快／藤田朋子　配給＝東京テアトル

四百年の時を超えて現代に甦った戦国武将。「巨大な城を作れ。段ボールで」という彼の意味不明な一言で、のどかな田舎町はパニックに。騒動はやがて町を二分し、なぜか合戦にまで発展してしまう…。果たして、段ボールで城は建つのか？　戦場と化した田舎町の運命は？　そして、築城に秘められた真意とは？　高さ二十五メートルの段ボール城が圧巻の、破天荒な痛快築城エンタテインメント。

平成二十二年度モントリオールファンタジア映画祭公式上映作品、他

■五作目　長編ドキュメンタリー映画『海峡をつなぐ光』二〇一一年　カラー六十五分

監督＝乾弘明　プロデューサー＝益田祐美子／朴埈永　出演＝入矢麻衣　語り＝西岡徳馬　配給＝東京テアトル

玉虫厨子（日本）と、玉虫馬具（韓国）。復元にかける日韓の職人の技を追ったドキュメンタリー。千数百年の時を経て日韓を結ぶ歴史ロマン。

韓国蔚山ＭＢＣ放送との共同制作。韓国放送通信審議会月間優秀番組賞、韓国放送文化振興会地域番組賞銅賞受賞

■六作目　長編ドキュメンタリー映画『李藝　最初の朝鮮通信使』二〇一三年　カラー七十一分

監督＝乾弘明　総合プロデューサー＝益田祐美子　ナビゲーター＝ユン・テヨン　ナレーター＝小宮悦子　配給＝東京テアトル

日本と韓国の、長い歴史に埋もれていた一人の外交官李藝。今、六〇〇年の時を越えて、その息吹が伝わる。日韓関係の新たな時代に光を投じる渾身のドキュメンタリー！

二〇一三年蔚山MBC月間優秀番組賞、韓日文化大賞（ユン・テヨン）、映文連アワード二〇一三優秀企画賞

■七作目　長編劇映画『瀬戸内海賊物語』二〇一四年　カラー一一六分

監督・脚本＝大森研一　製作プロデューサー＝益田祐美子　出演＝柴田杏花／内藤剛志／小泉孝太郎／石田えり／中村玉緒　配給＝松竹

島と本土を結ぶフェリーが廃止へ。島民の心はバラバラになってしまう。村上武吉の血を引く村上楓は、ご先祖の埋蔵金を探して島を救おうと仲間と立ち上がる。いにしえの海賊とその子孫が時を越えて通じあい、島の心をひとつにするまでの冒険物語。

瀬戸内国際こども映画祭エンジェルロード脚本賞グランプリ、瀬戸内海国立公園指定八〇周年記念映画、ハワイ国際映画祭特別招待作品

■八作目　長編劇映画『シネマの天使』二〇一五年　カラー九十四分

監督・脚本・編集＝時川英之　企画＝酒井一志　プロデューサー＝益田祐美子　出演＝藤原令子／本郷奏多／ミッキー・カーチス／阿藤快／石田えり　配給＝東京テアトル

老舗映画館の大黒座が閉館することになった。そこで働き始めたばかりの新入社員、明日香は、ある夜、館内で謎の老人に出会うが、彼は奇妙な言葉を残し、忽然と消えてしまう。大黒座の女性支配人は、閉館への反対を押し切って気丈に振る舞っていた。泣いても笑っても、もうすぐ、大黒座はなくなってしまう…。閉館の日。スクリーンに最後の映画が映しだされると明日香の前に、あの謎の老人が再び現れ…。最後にくれたサプライズとは——。

福山市制施行一〇〇周年記念事業映画

■九作目　長編ドキュメンタリー映画『サンマとカタール～女川つながる人々』二〇一六年　カラー七十三分

監督＝乾弘明　プロデューサー＝益田祐美子　ナレーション＝中井貴一　配給＝東京テアトル

宮城県女川町は牡鹿半島の付け根にある水産業の町。サンマの水揚げで有名だ。「あの日」までは…。

住民の一割近くが犠牲となり、八割以上が住まいを失った。人口比では最も激烈な被害を蒙った町である。町の中心部は根こそぎ津波にのまれ、失うものは何もなくなったのだ。それでも、人は立ち上がる。女川は小さな町だが、今、着実に復興への道を独自に歩み続けている。そのきっかけとなったのが中東の国、カタール。大型援助「カタールフレンド基金」で建設された多機能水産加工施設「マスカー」の建設が起爆剤だった。

■十作目　長編ドキュメンタリー『ハイヒール革命！』二〇一六年　カラー七十三分
監督＝古波津陽　脚本＝福島敏朗　プロデューサー＝益田祐美子　出演＝真境名ナツキ／濱田龍臣／秋月三佳／小宮有紗／中田裕一／藤田朋子／西尾まり
配給＝新日本映画社

近年あらゆるメディアで話題となり耳にする機会が増えた「ＬＧＢＴ」の世界。少年の頃からピンクの物が大好きだった真境名ナツキが、十代の終わりに男から女に生まれ変わった。彼女は思春期に立ちはだかった様々な障害をどのようにして乗り越え、より美しい〝本当の自分〟を手に入れたのか。リアルなインタビューパートと、取材に基づいた少年時代のドラマパートを交えながら現在と過去を描く、型破りなドキュメンタリー＆ドラマ。

第二十五回レインボー・リール東京　東京国際レズビアン＆ゲイ映画祭正式出品

■十一作目　長編劇映画『こいのわ 婚活クルージング』二〇一七年　カラー一〇五分
監督・脚本＝金子修介　製作プロデューサー＝益田祐美子　出演＝風間杜夫／片瀬那奈／藤田朋子／小橋めぐみ／町田啓太／八嶋智人　配給＝KADOKAWA

ある日突然、電機メーカー社長を解任されてしまった六十五歳バツイチの門脇誠一郎は、心機一転、第二の人生のパートナーを探すことを決意。そんな彼の前に、出会って早々に大喧嘩になった最初のお見合い相手、美人編集者・山本ナギをはじめ、シングルマザー、トランスジェンダー、後妻業疑惑の美魔女など癖のある女性たちが次々と現れる。一方、独身アラサーのナギは年下のイケメンにアタックされるも、なぜか誠一郎のことが気になって——。素直になれない男女の恋愛をユーモアたっぷりに描き、すべて人の〝大人の恋〟を応援する婚活映画。

■十二作目　長編ドキュメンタリー映画『一陽来復 Life Goes On』二〇一八年　カラー八一分

監督＝ユンミア／辻健司（共同監督）　プロデューサー＝益田祐美子　ナレーション＝藤原紀香／山寺宏一　制作・配給＝平成プロジェクト

東日本大震災から六年後の岩手・宮城・福島を舞台に、人々が小さな希望と幸せを手にしていく姿を描いた心温まる再生の物語。津波や地震、原発事故によって被害を受けた各地で、喪失感や葛藤を抱えながらも強く優しく前進する一人ひとりを自然豊かな風景と共にカメラが映し出す。「復興」の一言で括ることは決してできない、三県で生きる人々の確かな歩みに寄り添うドキュメンタリー。

広島国際映画祭二〇一七特別招待作品、英文連アワード二〇一七準グランプリ受賞、ロンドン・フィルムメーカー国際映画祭二〇一八正式出品、リッチモンド国際映画祭二〇一八名誉賞、ニース・フィルムメーカー国際映画祭二〇一八正式出品

文部科学省　特別選定（青年向き／成人向き二〇一七年七月十三日選定）、文部科学省　選定（中学校／高等学校生徒向き二〇一七年七月十三日選定）、厚生労働省　社会保障審議会特別推薦作品、児童福祉文化賞（映像・メディア等部門）受賞作品、映画倫理機構 年少者映画審議会推薦作品

■十三作目　長編劇映画『ソローキンの見た桜』二〇一九年　カラー一一一分

監督・脚本・編集＝井上雅貴　プロデューサー＝益田祐美子　出演＝阿部純子／ロデオン・ガリュチェンコ／山本陽子（特別出演）／アレクサンドル・ドモガロフ／六平直政／斎藤工／山本修夢／イッセー尾形　配給＝KADOKAWA

二〇一八年、ロシア兵墓地の取材のためロシアに行くことが決定していたが、なかなか興味を持てずにいた駆け出しのTVディレクター・桜子。しかし、祖母から自身のルーツがロシアにあることを聞き、さらに日本人看護師とロシア将校の日記を紐解いていくうちに衝撃の事実が明らかになる。日露戦争時代、日本で初めてロシア兵捕虜収容所が設けられた愛媛県・松山市を舞台に、運命的に出逢ってしまった二人を中心に、日露戦争時代から現代まで続く子孫が巡る不思議な運命の物語。

愛媛国際映画祭特別貢献賞、モスクワ国際映画祭正式出品、オレンブルク国際映画祭観客グランプリ特別賞、アムールの秋国際映画祭特別招待作品、広島国際映画祭正式出品、ハワイ国際映画祭正式出品、

【製作作品】

ロシア海外映画祭露日友好貢献賞

■十四作目　長編ドキュメンタリー映画『阪神タイガース THE MOVIE～猛虎神話集～』二〇二〇年　カラー九七分

監督＝石橋英夫　ナビゲーター＝掛布雅之／出演＝石坂浩二（ナレーション）／佐藤隆太／松村邦洋／千秋　配給＝KADOKAWA

阪神タイガースを愛するファンの想いに応えるべく、球団創設八十五年を記念して公式ドキュメンタリー映画が完成した。猛虎の歴史を彩る汗と涙の結晶は、五十年に渡るサンテレビの中継素材を中心に8つの「神話」となって甦る。

■十五作目　長編劇映画『ハチとパルマの物語』二〇二一年　カラー一二〇分

監督＝アレキサンドル・ドモガロフ・Jr　プロデューサー＝益田祐美子／ルーベン・ディシディシアン／クリスティーナ・レイリアン　出演＝渡辺裕之／藤田朋子／アナスタシア／壇蜜／高松潤／山本修夢／早咲／アレクサンドル・ドモガロフ／レオニド・バーソフ／ヴィクトル・ドブロヌラヴォフ／阿部純子／堂珍嘉邦／アリーナ・ザギトワ　配給＝東京テアトル／平成プロジェクト

モスクワの空港で二年間も飼い主を待ち続けた「忠犬パルマ」の実話を基にした物語。パルマを見守り孤独を分かち合う少年コーリャとの関りや意外なきっかけで結ばれるハチ、そして大館の秋田犬たちとの絆を通してつながる感動を描く、日露共同製作によるヒューマンドラマ。

モスクワ国際映画祭正式出品、ビバロシア国際映画祭グランプリ受賞、ブルーナイト国際映画祭グランプリ受賞、愛媛国際映画祭特別招待作品、オレンブルグ国際映画祭人と犬の演技作品賞、アルテーク国際子供映画祭ベストフィルム賞

■十六作目　長編ドキュメンタリー映画『木樵（きこり）』製作中　カラー九十分予定

監督＝宮﨑政記

益田祐美子（ますだ・ゆみこ）

1961年、岐阜県高山市生まれ。金城学院大学卒業。同大学での研究「高齢者用商品開発への提言と実際」が、商品研究大賞受賞。大学在学中からＮＨＫ岐阜・名古屋でニュースや子ども向け番組に出演。結婚後は主婦のかたわら、女性誌「Home Economist Wise」で記者として活躍し、綿密な調査報道で功績を上げる。出産を機に専業主婦となるが、2003年イランとの合作映画『風の絨毯』製作で映画プロデューサーに転身。その後、株式会社平成プロジェクトを設立し、映画、テレビ番組などを製作し、数々の賞を受賞。その他にもイベントの企画製作や、講演会・セミナーにて講師・司会者としても活躍中。

【委員紹介】

経済産業省「ものづくり日本大賞」（第２～４回８年間）審査員、内閣府「生活者の観点からの地域活性化調査」委員（平成18年度）、第16・18期「燦々ぬまづ大使」（静岡県沼津市観光大使）、瀬戸内国際こども映画祭2011 総合プロデューサー、2011韓日文化交流大賞優秀賞、平成24年日本民間放送連盟賞地区審査員、防衛省航空幕僚監部就職援護推進委員（2014～18年）、小田原映画祭審査員、広島国際映画祭「ヒロシマ平和賞選定委員」、全互協絵画コンクール審査委員（令和１～３年度）、冠婚葬祭文化財団理事（令和２年３年度）、農林水産省地域の創意販路多様化事業審査委員（令和２年度）

映画づくりはロマンとソロバン！ 改訂版
〜女プロデューサー泣き笑い奮戦記〜

二〇十六年　五月二十日　初版第一刷発行
二〇二一年十二月十日　改訂版第一刷発行

著　者　益田祐美子
装　丁　深江千香子
発行者　宮島正洋
発行所　株式会社アートデイズ
〒160-0008　東京都新宿区荒木町13-5
四谷テアールビル2F
電　話　（〇三）三三五三-二二九八
FAX　（〇三）三三五三-五八八七
http://www.artdays.co.jp
印刷所　中央精版印刷株式会社